信長の誤算

本能寺の変

井上慶雪
Keisetsu Inoue

祥伝社

本能寺の変　信長の誤算

まえがき

このところいたるところで、歴史の綻《ほころ》びを見受けるようになった。

そもそも歴史とは流れであり、歴史事象は実証史学を充分に踏まえて、長いスパンで解明し続けねばならない。長いスパンにおける起承転結を厳しく見きわめ、摩訶不思議《まかふしぎ》な因果律の流れを察知する必要がある。

歴史は時代とともにその見方、解釈も変わって来るものである。それなのに旧態依然とした歴史事象を、伝承通りの固定観念で捉えていとも簡単に鵜呑みにしている人が多い。

歴史は常に、実証史学に基づくプロセスを踏んでいないと、いつしか途轍もなく変容してしまうのである。

「聖徳太子・非実在説」などはその好例と言えよう。

また、「誰かによる書き換え」を厳しく監査することも重要である。

歴史では、しばしば「誰かによる書き換え」が横行する。そして、やがてそれが通史として正当化し、安易に居直ることがある。

「本能寺の変」も四百三十年以上、愕《おどろ》くほどの誤謬《ごびゅう》と、安易な伝承に騙されてきた歴史事象だけに、実証史学の厳しいメスを入れて再構築していかねばならないのである。

今年（令和二年）三月頃から、突如世界を揺るがす新型コロナ・ウイルスがあっという間に蔓延《まんえん》して、２０２０東京オリンピックの中止を筆頭に、芸術面・スポーツ面はいうに及ばず、すべての行事・催事も中止に至った。

さらに、無用な外出は罷《まか》りならぬという、さながら戒厳令（緊急事態宣言）が布《し》かれてしまったのである。

折から大河ドラマ『麒麟がくる』の前評判が好調で、私も「光秀研究家」の端くれとして、講演会やテレビ出演の予定があったのだが、あっという間にすべて中止になった。

さらに、カルチャーセンターでの『これで解った、間違いだらけの本能寺の変』も開講見合わせの状態となってしまった。

しかし、各国での自粛の効果のせいか、経済面でも文化面でも行事が徐々に緩和されて、六月二十七日に当講座も二カ月遅れでスタートすることとなった。そこで『麒麟がくる』にすっかり虜《とりこ》になっているだろう受講者各位にかく切り出したのである。

「大河ドラマ『麒麟がくる』もだいぶ佳境に入り、読売新聞などでも、『史実を追求、麒麟に深み…』などと取り上げていますし、作者の池端俊策氏もブログで、『信長は、最近の研究で見直されている。保守的かつ中世的な側面を強調。また光秀は、私怨により本能寺で信長を討った謀叛人のイメージを覆し……勇猛果敢、かつ理知的な天才・明智光秀を、史料にはほとんど残っていない二十代から描写していく』という意気込みは立派ながら、『史料が残っていない』こととは『逆に何を書いてもよい』という論理か、滅茶滅茶に嘘だらけの寓話が次々と生まれて、ただ唖然としています」

これには受講者もだいぶ驚いていたようだが、講義が進み私の話す内容が進むにつれ、納得してくださった。

本書は、私のこれまでの明智光秀研究の決定版とすべく、執筆したものである。カルチャーセンターでの講義内容や最新の知見を踏まえているが、決定版という性格上、これまでの私の著作と、ダブる部分がどうしても出てくる点はご容赦いただきたい。

そしてまた、本書を発表することで「間違いだらけの本能寺の変」を指摘されて困る研究者・作家諸氏がたくさんおられることと思うが、どうか心してご吟味いただきたい。

本能寺の変 信長の誤算

—目次—

第二章

死の前日、信長が本能寺でしたかったことは何か

第三章　さまざまな記録から浮かび上がる「矛盾」とは何か　76

第四章　「秀吉の陰謀」とは何か　100

第五章　「秀吉の陰謀」はいかにして展開していったか

第七章 信長と光秀は本当に仲が悪かったのか 215

第八章　「四国政策原因説」とは何か？　265

装丁　フロッグキングスタジオ

第一章　本能寺の変にはなぜ誤謬《ごびゅう》が多いのか

●間違いだらけの本能寺の変

本書の冒頭で、まず「世の中に出回っている本能寺《ほんのうじ》の変に関する情報は間違いだらけである」「本能寺の変の犯人は羽柴秀吉《はしばひでよし》であって明智光秀《あけちみつひで》は冤罪である」という二点を、声を大にして申し上げたい。

私のこれまでの著作をお読みになっている方には自明の理だと思うが、そうでない読者諸氏は、「一体全体、どこが間違っているのか?」と、不審に思われることだろう。

例えば、

・本能寺は織田信長《おだのぶなが》の定宿ではなかった。
・亀山《かめやま》城を出て本能寺を囲んだとする光秀には、一万三千もの兵はいない。
・光秀の謀叛《むほん》と知った時、信長は「是非に及ばず」とは言っていない。

・秀吉による「高松《たかまつ》城水攻め」は、実際には行われていない。
・「奇跡の中国大返し」も、実際には行われていない。
……とりあえず、以上の五点をまず挙げさせていただく。

●本能寺の宿泊は二回だけだった

天正《てんしょう》十年（一五八二）六月二日の早暁《そうぎょう》、一万三千の兵を率いた明智光秀は京都・本能寺を取り巻き一斉に攻め入った。森蘭丸より明智軍の謀叛と聞くや「是非に及ばず」と信長は呟いて、白綸子《しろりんず》の寝間着姿で弓・槍を取ってしばし明智軍と防戦したが右肘に疵《きず》を負い、今はこれまでと覚悟して、焼けいった本能寺堂内深くに入り自刃《じじん》、御年四十九歳……

――これが四百有余年、ずうっと語り継がれてきた「本能寺の変物語」の定番である（細かなことであるが、森蘭丸という近習は信長にはおらず後世の創作。正しくは森乱丸である）。

信長が上洛した折には、必ず「本能寺泊」と思っている人が、いまだに多いようだ。

実は信長の約四十九回の上洛中、天正年間の「本能寺泊」はたったの二回だけである。（厳密には上洛当初の元亀《げんき》元年（一五七〇）七月と八月の二回がある）。

この二回とは、最後の上洛となる天正十年五月二十九日と、一年前の天正九年二月二十日である。

ではその前はどこに宿泊していたのかというと、「妙覚寺《みょうかくじ》泊」が約二十回、「二条御新造（二条御所）泊」が十四回、「相国寺《しょうこくじ》泊」が六回、「知恩院《ちおんいん》泊」等々で、ことと次第によっては「本能寺の変」ならぬ「妙覚寺の変」と呼称する可能性すらあったということである。

つまり本能寺は、信長にとってさほど重要な寺ではなかった。最後となる「本能寺泊」は、たまたま信長上洛の護衛に駆け付けた嫡男信忠《のぶただ》がすでに妙覚寺に詰めていたので、昨年初めて宿泊した「本能寺泊」にしたということだったのだ。

それなのに、本能寺が信長上洛の際の定宿だと思っている人が、本能寺の変に詳しいと自称されている人の中にも存在するので、愕《おどろ》いてしまう。

●テレビ出演での衝撃的なやり取り

平成十五年（二〇一三）九月のことであるが、BS-TBS放映『ライバルたちの光芒《こうぼう》』の「羽柴秀吉vs明智光秀」の最終回に、光秀の弁護役で出演することになった。その番組において、私は、

「信長の謀殺を狙ったある組織が少数での信長の上洛を謀《はか》り、六月二日早暁、無防備な本能寺を襲った」

と解説した（この発言の詳細は本書の肝でもあるので改めて述べる）。

ところがこの番組で相対する、秀吉の弁護を務めた加来耕三《かくこうぞう》氏は私の説に哄笑《こうしょう》しながら、「本能寺は普通の寺ではなく、改造された城郭で、一千の兵が攻めても堕ちないようにできている。偶然、一万を超える兵が攻めたから堕ちた。無防備で、わずかな兵力で攻められるということはまったくありえない」と宣《のたま》った。これはいかに作家諸氏が、本能寺を過大評価しているかの証左でもある。

本能寺は信長の定宿である。→だから敵の襲来に備えて城郭のように改造していた。→だから光秀は一万を超える兵で攻めた。

という論になるわけだが、これはそもそものスタートが間違っている。本能寺は、信長の定宿ではなかった。だから、城郭のように改造することもなかったし、一万を超える兵で攻める必要もなかった。

信長はあらゆる機能が集中していた石山本願寺《いしやまほんがんじ》跡地が城郭を築くのに最適な拠点と認識しており、織田信澄《のぶずみ》、丹羽長秀《にわながひで》の二人を普請奉行として当たらせていた。本能寺の変当時は工事が七分通り進んでいたらしく、「本能寺泊」は大坂城完成間近の臨時に過ぎなかったのだろう。

ちなみに、光秀の娘婿・信澄は本能寺の変後、この城で織田信孝《のぶたか》・丹羽長秀に不意打ちをされて殺されている。結局は後々、秀吉がこの大坂城築城の漁夫の利を得るわけである。

●本能寺はあくまでも仮の宿だった

「日蓮宗の研究」に詳しい藤井学氏が、「(本能寺は)北は六角、南は四条坊門、東は西塔院、西は油小路によって区切られ、周囲をぐるっと廻ると、四町(約四百四十メートル)の長さがあった寺地だった」と記述している(『本能寺と信長』思文閣出版)。この一隅の居館を「御成御殿《おなりごでん》」と呼んでおり、本能寺の堂宇とは一線を画している。

また、二〇〇七年の『京都新聞』（八月七日付）に寄稿されている今谷明《いまたにあきら》・日本文化センター名誉教授によると、

「織田信長が宿泊していたのは寺の建物ではなく、ごく小規模な専用御殿であり、建物は最大四十メートル四方クラスらしい。予想外に簡素だった理由について、「近々、大坂本願寺跡に新築中の城に移る予定だった」と推定され、テレビドラマで繰り返して放映される大きな本堂前で奮戦する信長は虚像の可能性が高くなった……」

ということになる。

そうすると前述の、信長が白綸子の寝間着スタイルで弓を射ったり、槍を振りかざして奮戦したりというあのお馴染みの名画面も、ルポライター・太田牛一《おおたぎゅういち》による単なる虚像に過ぎなかったことになる（そもそも牛一は当日、本能寺にいなかったのだが、これは後述する）。

さらに『京都新聞』（二〇〇八年〈平成二十年〉六月一日）に、「旧本能寺　城塞ではない」というタイトルの記事が載っている。

「昨年発掘が相次いだ旧本能寺跡（京都市中京区）をめぐり、『平安京・京都研究集会』（世話人・山田邦和同志社女子大教授、仁木宏大阪市立大准教授）はこのほど、上京区の機関

紙会館でシンポジウム『戦国時代の本能寺と織田信長』を開き、文献と考古学の両面から、信長時代の寺の実像を話し合った」

という文章から始まり、奈良大・河内将芳准教授「信長は、上洛間もない一五七〇年に本能寺を宿舎にしたが、その後は妙覚寺や二条新造御所などを転々とし、一五八〇年、本能寺に戻った。本能寺は上洛の短期的な宿舎として使われた」

仁木准教授「権力者といえども武士は、天皇に伺候する存在で、屋敷以上のものを京に造れなかった。その点で信長は、中世武士の枠を超えられなかった」

関西文化財調査会・吉川義彦代表「新発見のL字形の堀や石垣について『防御性は低い』として城塞との見方を否定」

……この記事からも、本能寺が城郭化されていたというのは明らかな間違いである。

信長がたった二回宿泊した本能寺は、大坂城完成までの仮の宿であり、しかも本堂の堂《どう》宇《う》とは隔離された、あくまでも別館だったのである。

たった二回の本能寺泊の実態にもかかわらず、「本能寺の神話化」、すなわち城塞化が続出するのである。たとえば、「吾が敵は正に本能寺に在り」と人口に膾炙《かいしや》した頼山陽《らいさんよう》の名《めい》吟《ぎん》の冒頭は、「本能寺、濠は幾尺ぞ、吾が大事を就《な》すは今夕《こんせき》に在り」と、本能寺の周囲に幾尺もの深い濠が巡らせてあるという描写であり、まさに城塞《じようさい》そのものである（傍点引用者）。

さらに加藤廣《かとうひろし》氏の『信長の棺』では、本能寺から約百メートル先の南蛮寺まで隧道《すいどう》（トンネル）が掘ってあり、信長が脱出を図ったが、云々と奇想天外化している。

●「鉄炮産業の拠点としての本能寺ルート」も眉唾《まゆつば》である

さらに、「本能寺と鉄炮」という別の間違いも存在する。

例えば、BS-TBS『歴史鑑定』（平成二十八年四月十一日放送）に出演した現・本能寺の佐藤泰慎住職は次のように力説している。

「天文五年（一五三六）、本能寺は『天文法華《ほつけ》の乱』で延暦寺《えんりやくじ》によって焼かれ、京都を追われてしまったが、後に許されて四条坊門西塔院に再建されたが規模も大きくなり、さらに『天文法華の乱』の時の延暦寺の軍事力に破れた経験を生かして、防衛施設にも十分配慮して周囲に堀や高い土塀を巡らすなど、小城郭の構えにした。

また本能寺が鉄炮調達の重要な拠点であったこと……これが信長が本能寺を宿舎にした本当の理由であった（佐藤住職は『本能寺・たった二回説』をご存知ないらしい）。

すなわち「天文法華の乱」の時、本能寺の貫主《かんしゆ》・日承上人は種子島にある末寺・本源寺に避難して三年間滞在。その間に領主の種子島氏をはじめ島民の多くを帰依させた。この種子島は周知の通り鉄炮が伝来した地であり、本能寺貫主が種子島の島民を帰依させたことから、この種子島を通じて鉄炮や火薬が本能寺に入り、そこから戦国大名に販売するルートが出来上がってしまった。つまり本能寺は、鉄炮調達の重要な拠点であり、信長は堺と共にこの本能寺を絶対に掌握しておく場所であったのだ。だから信長は、本能寺に定宿する必要があったのだ」（傍点引用者）

つまり、信長が鉄炮産業の拠点としての本能寺ルートを押さえ、結果的に本能寺とは切っても切れない関係になったとのことだが、これもまた甚だ眉唾物である。

刀鍛冶《かたなかじ》に優れた日本では、いくらでも鉄炮（銃身）は造り得る。しかし、肝心の火薬の「焔硝《えんしょう》」はまったく生産できないから、輸入に頼らざるを得ない。

当時の交易圏は五島列島を本拠としていた倭寇《わこう》が中心で、戦国時代の倭寇の貿易ネットワークを構成していたのは、寧波《にんぽう》に拠点をおく中国系の頭目の王直《おうちょく》の勢力下だった。

種子島に漂流したのはオランダ船ではなく、倭寇配下の交易船（ジャンク船）であり、その船にたまたま鉄炮セールスのオランダ人二名が乗り合わせて漂流したことになり、彼ら両名は、まず種子島時堯《ときたか》の前で鉄炮を実射して驚かせ、かつ火薬の調合なども学ばせたが、火薬の在庫が底をつけば、鉄炮はもう撃てなくなるのである。

したがって、鉄炮を確保するためには、火薬もスムースに入手できる交易権を倭寇から得ることが必須条件となるのだが、はたして可能だったであろうか。さもないと、折角の佐藤住職のご高説も成り立たないこととなるのである。

一方、かつて足利義昭《あしかがよしあき》からの副将軍就任の要請を蹴って代わりに堺統治の利権を得た信長は、火薬の輸入ルートの拡充に血眼《ちまなこ》になっていた。その結果、「堺の火薬交易ルート」が今井宗久《そうきゅう》、津田宗及《そうぎゅう》あたりの独擅場となっていたのである。

信長の「鉄炮も、火薬が無ければ撃てないのだ！」という叱咤激励が聞こえてきそうである。

●養蚕と火薬の意外な関係

ところが、ここにとんでもない「逆説《パラドックス》」が飛び込んできた（テレビ東京『新美の巨人たち』白川郷の建築）。

茅葺屋根の林立で名高い岐阜県・白川郷で火薬が作られていた、というのである。

ここの産業は「養蚕業《ようさん》」であり、分厚い屋根は養蚕を行うためのシェルターであると同時にその屋根の廃材は、蚕の餌である良質な桑の葉を育てる肥料に最適である。しかし、茅葺屋根の吹き替えは三十年ごとに行う必要があり、莫大な費用が掛かる。そこで、約一千六百軒の郷人が密かに秘密の財源造りのシステムを確立したのである。

養蚕の糞からは、豊富な大量のカルシウムが採れる。

同時に、養蚕に従事する働き手の尿（小便・アンモニア）も大量に溜め込む。

かくして溜め込んだ蚕の糞とアンモニアを発酵分解して、「硝酸カリウム」（焔硝）造りに成功して白川郷の隠れ産業となった。交通不便で人の入りにくい山中、養蚕を名目として火薬の原料の製造が秘密裏に守られていたのである。その火薬は、安土桃山時代には主に前田家へ、天正年間は石山本願寺に納めていた。

このように、「鉄炮」（銃身）と「火薬」はまったく別の次元のものである。

信長は、何よりも火薬の入手に血眼だったはずである。

だからもし信長が、この養蚕業の裏システムを熟知していたら、巨大な養蚕産業基地を構築して、「絹産業」の隆盛はおろか、「火薬」の製造にも邁進《まいしん》したことであろう。

●信長が妙覚寺に二十回も泊まったのはなぜか

それではなぜ信長は、二十回も「妙覚寺泊」だったのだろうか。

「妙覚寺」は「二条御所」に隣接している。

この「二条御所」は、信長が足利義昭を奉戴して京に上り幕府再建後、「本圀寺《ほんこくじ》」に居所を置いていた将軍義昭が三好三人衆に襲われたのをきっかけに、やや警護に勝《まさ》る「二条御新造」を造って義昭に与えた。

しかし、やがて義昭は京を追われ、その後信長も上洛の折に二条御所に十四回ほど宿泊していた。

天正七年、信長は、誠仁《さねひと》親王の第四皇子「五宮（興意親王・三歳）」を自分の猶子《ゆうし》に迎え、将軍追放後の「二条御新造」を新装して猶子・五宮に献上した。そこで当然誠仁親王もこの新邸に住まわれるので、「二条御所」は禁裏の「上御所《かみごしょ》」に対して、「下御所《しもごしょ》」と呼称されてきた。

信長は二度にわたって、正親町《おおぎまち》天皇の譲位と誠仁親王の即位を迫った。老練な正親町天皇と丁々発止《ちょうちょうはっし》と鎬《しのぎ》を削り合うのである。

やがては誠仁親王が皇位に就くだろう。そうすれば猶子の「五宮」はポスト誠仁親王として、これもやがては皇位に就くことになろう。そうすると「五宮天皇（仮称）」の義父である信長は、《上皇＝治天《ちてん》の君《きみ》》であり、信長の院政も可能となる。ここに「太政大臣」だった平清盛《たいらのきよもり》に追い付き、追い越すこととなるはずである。

その論拠としては、信長の安土城の本丸が、京都の《清涼殿》とまったく同じに設計されていたことが挙げられる。

まさに天皇を迎えるための御殿であり、しかも近い将来の「五宮天皇」の《御座所》にもなり得るわけである。ここに信長の「皇位簒奪《こういさんだつ》」のシナリオが見え隠れするのであるが、その詳細は後述することとしたい。

信長は「妙覚寺泊」の傍《かたわ》ら、幼い猶子・五宮を手懐《てなず》けようとせっせと西洋渡来の甘菓子・金平糖《コンフエイトウ》などを持参してご機嫌を取っていたことであろう。

●本能寺を囲んだ光秀に一万三千もの兵はいない

本能寺の変のウソについて、さらに論じたい。

「天正十年（一五八二）六月二日早暁、織田信長が宿泊中の本能寺を明智光秀が一万三千の兵で囲み、主君・信長を謀殺した」という通説が四百三十八年間語り継がれてきたわけであるが、ここにも大きなウソが存在する。光秀は、一万三千の兵など持っていなかったのである。

江戸時代の記録（浅野家史料）では江州坂本《ごうしゅうさかもと》二十四万石、亀山五万石、福知山三万石

で、兵力に換算すると光秀の直領は六千人弱、しかも各地歴戦で消耗しているから正味五千人程度だったはずである。

「一万三千の兵」といえば五十万石クラスの軍勢であり、五万石の亀山城から十倍もの大軍勢が出立《しゅったつ》できるわけがないのである。

ではなぜ「一万三千の兵」になったのか。そこで虱潰《しらみつぶ》しに史書を漁《あさ》ってみたところ、俗書として名高い『川角太閤記《かわすみたいこうき》』にのみこの「一万三千の兵」が載っている。

ところが、歴史家・作家諸氏は知ってか知らずかこれに倣《なら》っていたのである。

同書では光秀が亀山城を出立して、「さっそく亀山の東の柴野へ出られたときは、早くも午後六時頃になっておりました。（日向守《ひゅうがのかみ》光秀）自らも馬を乗り回して軍勢を三段に備え、『この人数はどれくらいおるだろうか』と、斉藤内蔵助にお聞きになったので、『内々御人数ですが、一万三千はございますと見ておりますす』とお答え申し上げたということです」と、ここで「一万三千の兵」が出てくるのである（志村有弘訳）。

それがいつしか「明智軍一万三千の兵」と定着したのだろう。しかし、冷静に考えていただきたいのだが、一軍の大将たる者がすでに亀山から京に向かって進軍している最中に、急に思い立って自軍の軍勢の数を改まって聞き直す能天気ぶりなのである。

さらに言えば同書は、元和八年（一六二二）に初めて世に出たものである。世に普及したのは明治に入ってからであろうと思われる。

かつての歴史界重鎮（元日本歴史学会会長）高柳光壽《たかやなぎみつとし》氏までもが、

「光秀は一万三千の兵を三段に備えて、亀山（亀岡市）から京都に向かって前進していたが、沓掛《くつかけ》の在所で休息を命じて、兵糧《ひょうろう》を取らせ……」（『本能寺の変・山崎の戦』）

と、「一万三千の兵」はおろか、「三段に備えて」までを踏襲《とうしゅう》していた次第である。

誰しもが「明智軍一万三千の兵」といとも簡単に言うが、この一万三千の兵がはたしてどれほどの規模なのか、実感を伴って述べる人はいない。

たとえば東京ドームでの伝統の「巨人・阪神戦」、観衆が立錐《りっすい》の余地もない超満員で四万六千七百八十三人である。外野スタンドは六千席、そして立見の観客を併せると観客数は六千五百人強となる。これだけの観衆を、さらに二倍にしたものと想像して欲しい。「一万三千の兵」とはかくも膨大《ぼうだい》なグロスとなるのだ。

●「一万三千の兵」で夜間行軍は不可能！

さらに大雨後の昼なお暗い丹波街道を、一万三千の大軍で夜間行軍。しかも山頂に近い道だから、おそらく人二人が並んでやっと通れるほどの幅だったはずである。士卒は何とか我慢して行軍するだろうが、五百頭近い騎兵団の深夜、しかも大陰暦で朔日《ついたち》の、まったく月明かりもない闇夜の山越えは、とうてい無理である。馬は臆病で気が荒く松明《たいまつ》を嫌うし、まして去勢していない発情期に当たる馬の扱いは手に負えない。

　また沓掛で休息を取り夜食を食べたのだろうが、作家の八切止夫《やぎりとめお》氏の考証によれば、

「一万三千の軍勢がはいそうですかと急に出発することは出来ない。万余の軍勢を動かすにはそれなりの準備がいる。この一万三千の兵に喰わせねばならない。仮に夕食一回、夜食一回、一人一回、二合として七十八石、丹波米で三斗が一俵、合計で二八〇俵の米を焚きだして握り飯にして喰わせたりもたせたりしなければ、これだけの人は動かせない」

（『信長殺し、光秀ではない』作品社）としている。

　また食料だけではない。出陣に必要な鉄炮の火薬の配分はどうするのか。火薬は湿気《しけ》ないように一括して保管されているから、それを一発ずつの少量の紙薬莢《やつきよう》に分配して持たせなければならない。鉄炮隊の人数がたとえ少なくても、これは大変な作業なのである。

　しかるに『信長公記』では、

「六月一日、夜に入って、丹波亀山において惟任日向守《これとうひゆうがのかみ》光秀は明智左馬助（秀満）・明智治右衛門・藤田伝五・斉藤内蔵助らと相談して『信長を討ち果たして、天下の主となろう』と謀りを企てた」と、信長が少人数で本能寺入りをした咄嗟《とつさ》の機会を捉えて謀叛を決

意したと説明している。しかし、一万三千の兵で簡単に決行できるものではない。
しかも、実際に光秀が一万三千の兵で本能寺を取り囲んだとしたら、本能寺周辺は明智軍で溢れてしまう。わずか六百メートル先の妙覚寺に詰めている織田信忠隊も知るところとなる。

光秀としてもせっかく一万三千の兵で攻めているのだから、まず本能寺を攻め落としてから次に妙覚寺周辺に立て籠もる信忠を攻める、といった馬鹿げた作戦を取る必要はない。同時攻撃を選んだであろう。

というわけで、歴史家・作家の皆さんにお願いしたいのは「一万三千の兵で本能寺を囲んだ」という表現を「本能寺の変」の研究から消去していただきたい、ということである。明らかな間違いなのだから。

●光秀の謀叛と知った時、信長は「是非に及ばず」と言っていない

光秀の謀叛を知った時、信長は呻きの声のように「是非に及ばず」（仕方がない）と言ったとされてきた。すなわち、

「これは謀叛か！」

「はい、明智が者が」（森乱丸）

「そうか、是非に及ばず」（信長）

という流れであって、「ええっ！　まさかあの光秀が！　なぜだ！」という驚愕《きょうがく》の響きではない。信長ほどの武将が「そうか、光秀か、やむを得まい」とあっさりと覚悟を決めてしまった。

これは、信長が今まで何度も光秀を虐《いじ》め抜いてきたので、こうなることは当然の結果と一瞬のうちに諦めの境地に達したのであろう、と考えられてきた。

そうではない。

信長は本能寺で「是非に及ばず」という言葉を発していないのである。いや、仮に発したとしても誰も聞いていない。「是非に及ばず」は『信長公記』の著者である太田牛一の創作にすぎない。まったくの虚構なのである。

本能寺の変から遡《さかのぼ》ること十二年前の元亀元年（一五七〇）、信長は朝倉義景《あさくらよしかげ》攻めの時、義弟・浅井長政《あざいながまさ》の裏切りに遭って挟み撃ちの状況下に置かれ、まさに絶体絶命、窮鼠《きゅうそ》の境地に追い込まれた。この時に「是非に及ばず」という言葉を発しているのだ。

太田牛一も、『信長公記』巻三で次のように記している。

信長公は越前の敦賀《つるが》に軍兵を繰り出された。（略）ついに木目峠《きめとうげ》を超えて若狭《わかさ》の国にどっと攻め入る手はずであったが、江北の浅井備前守が背いたとの知らせが、つぎつぎと信長公のもとに伝えられた。（略）寝返り説は虚説であろうと思われたのであるが、方々から「事実である」との知らせが伝えられて来るのであった。

ここに至っては「是非に及ばず」と撤退を決意された……。（榊原潤《さかきばらじゅん》訳）（傍点引用者）

太田牛一はこの時の記述に倣《なら》って、万事休する「本能寺」の極限でも、信長をして再度「是非に及ばず」を言わしめたかったのであろう。

また「松平信康・切腹事件」でも同様である。原因は諸説あるが、信長は家康に「信康を殺せ」とは言わず、「家康の思い通りにせよ」と言い、結局家康の苦慮の決断に対して、これまた、「是非に及ばず」と言っている。つまるところこの「是非に及ばず」は、信長の常套句、もしくは口癖であったに過ぎない。

だから信長が最後に万感の思いで発した名言なんぞでは決してなく、たんなる太田牛一演出の作為に過ぎないのである。

第一、一番問題なのは、肝心の「本能寺の変」の当日、この太田牛一は京都にいなかったのである。

太田牛一は、出張先の加賀の松任《まつとう》で事変を遅れて聞き、あわてふためいて京都に戻るものの、到着したのは約一週間後。本来、現場主義に徹するべきルポライターが生々しい現場を全然体験していなかったのだ。当然のことながら、最後の場で信長が何と呟いたのか、聞けるはずがない。

失地回復を目指すルポライター・太田牛一は、遅ればせながら精力的に事変後の聞き込み調査を開始する。そして、「女共、この時まで居り候て様躰見申し候と物語り候」と書いている。つまり、信長の本能寺入りから自刃まで側近くいたという「女共」から徹底的に取材をして確固たる事実を掌握した、と逃げを打っているのである。

そして前述のごとく、その「女共」をも『信長公記』に再現しているのである。

信長公ははじめ弓を取って、二つ三つとりかえひきかえ、矢を放たれたが、いずれも時が経つうちに、弓の弦が切れてしまったので、その後は槍を取って闘われた。然し御ひじに槍傷を受けて引き退かれる。それまでおそばに女中衆が付き添い申していたが、「女たちは構わぬ、急いで脱出せよ」と仰せられて、女たちは御殿から追い出されたのであった。

すでに御殿に火がかかり、燃え広がって来た。最後のお姿を見せまいと思われたのである

ろうか、殿中深くお入りになって、中からお納戸《なんど》の戸口にカギをかけ、あわれにもご自害なさったのである。（榊原潤訳）

では、この「女共」とは一体何者なのか。信長自刃まで信長の身辺に付いていたというが、厨房の奥深くの下働きの二、三人の女ならいざ知らず、際立った「女共」はほとんど皆無だったはずである。

なぜなら四十九歳の信長の身辺の世話は、お気に入りの小姓たちで事足るし、一年ぶりの上洛（天正九年二月以来）も、今回は中国攻めの先立ちであり、なおかつ博多の豪商茶人・島井《しまい》宗室《そうしつ》との「本能寺茶会」が何よりも優先すべき事柄だったからである。

今回の太田牛一の致命的な欠陥は、現場・本能寺の状況を確実に把握していなかった点につきよう。すなわち、信長が前述のように本堂の堂宇から隔離された「別御殿」にいたのにもかかわらず、現場不在の牛一は、信長を本堂中央にまで引きずり出して白綸子の寝間着スタイルで弓を引かせたり槍を揮《ふる》ったりして大活躍をさせてしまった。

そしてこの活写が後々の時代劇にまで影響を与える、名場面となって定着してしまったのである。

何よりも決定的なことは、『信長公記』が成立して世に出たのは慶長十五年（一六一〇）

二月、池田輝政《いけだてるまさ》に贈ったのが最初という事実である。実に「本能寺の変」から二十八年後、徳川家康の死の六年前である。

しかも、現存する『信長公記』は三冊だが、当時は印刷技術などなくすべてが写本だったから、最終的には何冊あったのか、はたまた誰が読んだのかもわからない。

そう考えてくるとこの「是非に及ばず」という名台詞《めいせりふ》は、いつ頃から人口《じんこう》に膾炙《かいしや》されるようになったのだろう。意外に近年になってからのことかも知れないのだ。

ともあれ、信長はあの極限の場面で「是非に及ばず」と言ったとは誰も断言できない。あくまでも太田牛一の創作だったのである。

●秀吉による「高松城水攻め」は行われていない

高松城水攻めの伝承の初出は、『惟任退治記』である。これは「山崎の戦」で明智光秀を討ち破った秀吉が、半年後に御伽衆《おとぎしゆう》の大村由己《おおむらゆうこ》に書かせた一冊で、明智光秀が怨恨のため、主君・信長様に謀叛したことと、自分（秀吉）が主君の恩に報いるため、惟任日向守《これとうひうがのかみ》光秀を討ち果たしたという英雄伝であるから、初めから噴飯《ふんぱん》ものだったのである。

この件については、すでに『本能寺の変　秀吉の陰謀』（祥伝社）の中で詳しく論じたが、ポイントのみ、改めてまとめてみたい。

「天下布武」達成への毛利攻めの命が羽柴秀吉に下り、三月十五日に秀吉軍は出陣した。杉原家次《すぎはらいえつぎ》・荒木兵太夫《あらきへいだゆう》・仙石権兵衛《せんごくごんべえ》が先鋒として活躍して、冠城《かんむりじょう》、河屋城《かわやじょう》を陥《おと》して破竹の勢いで侵攻。かくして秀吉軍は備中高松城に軍勢を集めた。

「城を観察すると三方が深い沼地であって、まったく人馬の通路がない。残る一方は何重にも大堀を構えるなど、毛利家が何年もかけて普請した要害堅固な城であった。たとえ日本中の大軍で攻めたてたとしてもたやすく力攻めに屈しそうにもない。

そのため秀吉は思案して水攻めを行おうとした。城の周囲二、三里に山のような堤を築き、堤の裏には木材を用いて水を堰き止めるための柵をこしらえ、大河や小川の河上を辿って山を開鑿《かいさく》して、岩石を崩し、谷の口や水田の用水、溜まり水に至るまで悉《ことごと》く堰《せ》き止めたため、高松城の周辺はたちまちひとつの湖のようになってしまった」(『歴史読本』金子拓《ひらく》・訳)となるのである。

原本が大村由己の描写だから誇張は赦《ゆる》されもしようが、これが現代では誰もが信じて疑わなくなっている。

しかし、上堤十一メートル、下堤二十二メートルもある三キロにわたる土堤を、わずか十二日間で、しかも地元民の収納土俵わずか約五十二万九千俵余の土量で、築堤など到底できるわけがないのである。

●高松城水攻めの「絡繰《からく》り」

できないものはできないのであって、歴史・作家諸氏、そして読者諸氏も、「秀吉による高松城水攻めはなかった」ことを厳しく認識していただきたい。

この「高松城水攻め」とは、天正十年（一五八二）五月七日、中国攻めの羽柴秀吉が高松城に立ち至り、「この城は平城《ひらじろ》であるが、三方が山で囲まれた、池沼《ちしょう》や深田が連なる低湿地帯で、自然の要塞さながら難攻不落の城である」と判断したことに始まる。

軍監・黒田官兵衛の献策を入れ、「蛙ケ《かわずが》鼻《はな》」付近からから「小山村」を経て「死越村」までの約三キロにわたる膨大な堤防を築き、梅雨で水嵩《みずかさ》が増す足守川を堰き止めて、すり鉢状の地帯に水を注ぎ込んで湖水と化して高松城を浮き城として兵糧道を絶つ。しかも「土俵一俵につき銭百文、米一升」で地元民を煽《あお》り、使用土俵・六百三十五万俵余を集めて、しかも十二日間の突貫工事でそれを達成したという、古記録に伝承された「秀吉神話」である。

だが、これはとんでもないことである。土木工学専門家の額田《ぬかだ》雅裕《まさひろ》氏は、

「古文書の通り築堤すると、十トントラック延べ六万四千台の土量を移動することになり、総工費も約二百七十億円程かかり、現代の土木技術をもってしても、十二日間では到底不可能！」

と断言している。

その不可能を可能にした「秀吉神話」の絡繰《からく》りとは、前述の三方が山で囲まれたすり鉢状で、ひとたび洪水が起きると城が冠水寸前になる立地条件にあった。

「水攻め」があったとされる陰暦の天正十年四月二十九日から六日間は、古記録では毎日雨が降り注ぎ、山口大学の山本武夫《やまもとたけお》教授（気象学）の調査によれば、降雨量は二百ミリを超えていたと報告されている。

五月七日に秀吉軍が高松城を囲むと、どうなるか。高松城址研究家・林信男《はやしのぶお》氏の長年の調査研究がその真相を解明した。

連日降り注ぐ霖雨《りんう》で、高松城本丸はほぼ冠水寸前になっていたはずである。足守川の水など一滴たりとも注ぎ込まれていない。つまり降雨だけで「高松城址水攻め」の図式が完成されていたのである。

あとはこの水が退《ひ》かないように、「蛙ヶ鼻」から「原古才村《はらこさい》」付近の「水通し」、すなわち水の捌《は》け口を塞《ふさ》げば兵糧攻めの目的が達成するわけで、世に言う驚天動地の三キロの築堤など必要もない。わずか三百メートルほどの水塞ぎ工事をすればよいわけだ。これならば、十二日間の工事で充分に間に合う（吉川家文書《きつかわけもんじょ》『下口ヲツキ塞ギ責中候』）。

ではいかなる理由で、羽柴秀吉はまことしやかにこの「高松城水攻め」の、ありもしない実態を喧伝《けんでん》したのだろうか？

どうやらそれを解明する糸口は五月十七日、安土城の信長の許に送った秀吉の早馬にありそうだ。

「高松城を水攻めにしたところ、毛利軍が五万計《ばかり》の大軍で救援に押し寄せましたので、上様（信長）にも御出陣、御援助のほどを……」と要請している。実にこの早馬こそが「本能寺の変」の発端として非常に重要な役割を持っていることを、まずはご銘記いただきたい。

しかも不可思議なことに秀吉は、同時進行の形で毛利方と独自の講和を進めていたのである。すなわち一方では信長の出陣を要請しておきながら、片方では信長に無断で密かに毛利方と「五カ国割譲《かつじょう》」（毛利領である伯耆《ほうき》・美作《みまさか》・出雲《いずも》・備中・備後の中国五カ国の割譲を講和条件とした）講和を進めている。

そこには秀吉の、いかなる意図が存在していたのか？

この件は私が主張する「秀吉の陰謀」に直結する問題なので、後ほど詳述したい。まずは以下の『信長公記』でこの章を締めくくることとする。

「羽柴筑前守は中国の備中へ攻め入り、宿毛塚《すくも》の城に烈《はげ》しく詰め寄ってこれを攻め落とし、数多くの敵兵を討ち取った。続いてえつ田城へ攻めかけたところ、城兵は降参して退城し、高松の城へ入ってともに立て籠もった。そこで筑前守はまた高松城へ攻め寄せ、地勢を見て判断、くも津川・えつ田川両河の堰《せき》を切って水を湛《たた》え入れ、水攻めにすることを命じた。安芸《あき》からは毛利輝元《てるもと》・吉川元春《きつかわもとはる》・小早川隆景《こばやかわたかかげ》の諸将が兵を率いて出陣し、秀吉軍と対峙《たいじ》した。信長公はこれらの状況をお聞きになって、『この度このように敵と間近く接したのは、天の与えた良い機会であるから、自ら出兵して、中国の有力な大名ともども討ち果たし、九州まで一気に平定してしまう……』とのお考えを持ち、堀久太郎・を使者として、羽柴筑前守のもとへこまごまとした指示を申し送られた。そして、『惟任日向守・長岡与一郎・池田勝三郎・塩河吉大夫・中川瀬兵衛らが、まず先陣として出動するように』、と命じられた。そこでこれらの武将達に、直ちにお暇《いとま》が下された」（榊山潤・訳）

第二章　死の前日、信長が本能寺でしたかったこととは何か

●「本能寺茶会」とは何か

信長は死の前日、「本能寺茶会」を開いている。ただし「本能寺の変」研究においてはまだ「本能寺茶会」なる概念は通説化していない。つまり、私の造語ということになる。

しかしこの「本能寺茶会」は、極めて重要な一要因を内包している。

なぜ信長は天正十年五月二十九日の大雨の中、わざわざ三十八点もの「大名物《おおめいぶつ》茶器」を安土から搬《はこ》んだのか。そしていかなる「茶会」が催されたのか。

これから毛利征伐に赴《おもむ》く信長が、なぜイエズス会宣教師フロイスの言う「日本の国家予算の半分に値する名器の数々」を携えて本能寺入りをしたのであろうか。

ちなみに「大名物」とは名物中の最古・最貴の茶器のことである。主に中国（明《みん》・宋《そう》）から伝来し「唐物《からもの》」と称された、利休時代の「名物」とは一線を画すものである。

私は本来茶道研究家で、茶道全般の外、特にこの大名物茶道具の研究を始め、その各々の茶器の伝来、経緯を辿るうちに、信長が「名物狩り」と称して約二百七十点余に及び蒐《しゅう》集《しゅう》した膨大なコレクションに出くわし、さらなる研究を進めた。

そしてこの「本能寺茶会」が持つ不可思議な因縁に気付き、またさらに深く掘り下げてみると、大きな陰謀が仕組まれていることを割り出したという次第なのである。

茶道研究家として、「本能寺茶会」の重要さについては既刊の七冊の拙著でも、「本能寺の変の起因」として一貫して主張してきたが、つい最近読者の方から左記の著作の指摘をいただき、一驚した。『織田信長　最後の茶会』小島毅著（光文社刊）である。以下、要点を挙げると、

・通説では、この茶会が九州博多の商人、島井宗室（「宗叱」という表記もある）をもてなすためであったという。毛利攻めの最終局面を迎え、次は九州地方の制覇を考えていた信長にとって、博多の商人との友好関係も必須であり、それゆえのもてなしだというのだ。だが、一介の商人を饗応するだけにしては、茶道具一揃いは異様であった。それにもてなすにも、宗室を安土に呼び寄せれば済むことであろうに、途中で破損する危険を冒しながらわざわざ京都で茶会を開こうとしたのは、なぜだったのだろうか。

・尾張の田舎大名織田信長が、圧倒的な政治権力と抜群の経済力とに物を言わせてこうし

た名物の蒐集に努めたのは、後発の成り上がり者としてはむしろ当然であった。そうすることによって、彼は初めて公家や寺社や室町幕府の上流武家たちが形成する文化的な場に参入することができたのであった。

天正十年の上洛に際して、不必要とまで思われる大量の茶道具を帯同したのも、これらを都の公家衆に見せ、自分の姿を眩《まぶ》しがらせる意図があったのではなかろうか（したがって小島氏の「信長茶会」は、当然のことながら公卿衆を相手に催したことになる）。

・織田家中きっての文化人・教養人として知られる明智光秀が、これらの貴重な道具類に食指を動かしても不思議はない。かれが本能寺を襲撃した目的は本当に信長の首を獲ることだったのだろうか。「敵は本能寺にあり」。敵とは、そこにある名物道具だったのかもしれない。信長の御殿が炎上したのは、信長の指示であって光秀の意志ではない。光秀は最も欲しかったものを入手しそこなったとは考えられないだろうか。（傍点引用者）

――以上、愕きの連続で、最終項になるともう支離滅裂である。

●茶会に隠された信長の意図「天下の名器を我が物にする」

小島氏と私の「本能寺茶会」に対するコンセプトの違いは単純明快であって、小島氏のは、公卿衆に対するディレッタントであり、信長の華麗なる自己粉飾である。

一方、私の考えでは、あくまでも豪商茶人である島井宗室《しまいそうしつ》・神谷宗湛《かのやそうたん》を招いての、大名物の茶入「楢柴肩衝《ならしばかたつき》」取得のための茶会であったのだ（後述）。

この「本能寺茶会」は元々、松井有閑が記すように、「天正十年正月二十八日に上様、名物茶器を持たれて上洛され、博多の宗叱（宗室）に見せさせられるべき茶会」だったが、俄《にわ》かに持ち上がった極秘の武田家攻略策戦のために中止になった茶会の、あくまでも再燃に過ぎなかった。信長がいったん反故《ほご》にした茶会を後日に繋げるためにか、突然の茶会中止で京都にまだ屯《たむろ》していた島井宗室を正月二十八日に、明智光秀がわざわざ坂本城の朝茶会に招いて、「信長から拝領の平釜・御披露目茶会」を催している（『天王寺屋他会記』）。

小島氏はこの茶会に関わる経緯をまったくご存知ないようだ。

「本能寺茶会」の本来の目的と、信長が招かざる公卿衆と謁見したこととは、まったく次元が異なるものだったのである。

ところがこの「本能寺茶会」に関して、さらに甚だしい解釈がもう一つある。

明智光秀の末裔《まつえい》を売りにしている歴史研究家・明智憲三郎著『本能寺の変　431年目

の真実』（文芸社）である。明智氏の説は、「信長は、（上洛中の）家康殺害を光秀に命じたが、当の光秀が反発して逆に本能寺で信長を討ってしまった」というのが骨子である。

だからかこちらでは信長は「是非に及ばず」ではなく、アビラ・ヒロンの『日本王国記』を持ち出して、「（信長が）口に手をあてて、余は余自ら死を招いたな」と言わしめるのである。

さらに「本能寺茶会」の件《くだり》となると、次の通りである。少し長くなるが、そのまま引用する。

【信長の油断の謎解き】「なぜ信長は無警戒で本能寺にいたのか」。本能寺の変について必ず問われる謎だ。しかし今まで説得力のある答えは見つかっていない。信長が油断したとしてもなぜ油断したのであろうか。「善き理性と明晰な判断力を有」する信長が油断するからには何か理由があるはずだ。

まず基本として光秀への信頼感があったことは間違いない。加えて、成功の目算の立たない無謀な謀叛など合理的な光秀が起こすはずがないという読みもあったろう。ただ、それだけではなさそうだ。

信長は家康一行を本能寺に呼び込まねばならなかったのだ。そのためには家康に警戒心を持たせてはならない。中国出陣の偽装工作もそのためだが、六月二日の本能寺が絶対に安全だと偽装することが肝要だ。そこで、信長はわずか二、三十人の小姓しか連れずに本能寺に入った。《御小姓二、三十召し列れられ、御上洛（中略）今度は、御供これなし》『信長公記』に書かれたこのメッセージが家康に対して重要な意味をもっていたのだ。家康一行を襲える軍勢は本能寺にいないと宣言したわけである。

加えて、このメッセージが「家康が謀叛を起こして自分を討とうとしたから返り討ちにした」という名分を立てる役割を果たしたのだ。家康一行の人数は穴山梅雪《あなやまばいせつ》も加えて四、五十人になる。四、五十人が二、三十人を襲うことはあり得ると誰もが納得したであろう。

つまり、本能寺の変の最大の謎、「信長は無警戒で本能寺にいた」ように見えたのは、無警戒だったわけではなく、「少人数でそこにいる」ことが信長の企てにとっては絶対条件だったのだ。

信長には、本能寺に着いた家康一行に悟られることなく、光秀の軍勢に討ち取らせる策も必要だったはずだ。信長が本能寺に自慢の茶道具を安土から大量に携えて行った（『完訳フロイス日本史』）。家康一行にゆっくり時間をかけて鑑賞させ、そのすきに信長は中座し、光秀の軍勢に討ち取らせようとしたのであろう。（傍点引用者）

以上、実に穿《うが》った途轍《とてつ》もない推理にはただただ愕くのみである。言うなればまさに三十八点もの「大名物茶器・囮《おとり》大作戦」であったが、残念ながら信長自身が光秀の返り討ちに遭い、「余は余自らが死を招いたな！」と呟いて潰《つい》え去ったということになる。

この推理を読んでの率直な感想は、「日本茶道史」に疎《うと》い歴史家研究家諸氏に「本能寺茶会」を任せるわけにはいかない、というものである。しかも中国攻めのための上洛までもが擬装だったと宣《のたま》うのだから、愕きである。

目下の日本茶道界において、茶の湯文化学会・前会長の熊倉功夫《くまくらいさお》氏をはじめ、さらに『原色茶道大辞典』『利休大事典』（いずれも淡交社）を見る限り、

・織田信長が安土から帯同して本能寺入りした三十八点の名物茶器は、島井宗室（神谷宗湛）に見せるための物。
・六月二日現在、両者は本能寺に滞在していた。
・堺の茶人・宗魯《そうろ》と、その『仙茶集《せんちゃしゅう》』の実証の認知。

以上のことが定まっている（ただし「信長の意図」や「秀吉の陰謀」に関しての言及はない）。

明智憲三郎氏のご高説は否定せざるを得ないと断言したうえで、本能寺茶会についての

説明に入りたい。

●この茶会の相手は「公卿衆」ではない

天正十年三月、念願の宿敵・武田家を滅亡させた信長に残る敵は、東に北条家・上杉家、そして西の大名・毛利家を討ち果たせば四国・九州はもう時間の問題で、いよいよ、念願の「天下布武」の達成も目前になっていた。

かくして前章・末尾に紹介した五月十七日の羽柴秀吉からの早馬で毛利攻めを決意した信長は、その遠征に先立って五月二十九日、三十八点の大名物茶器とわずかな供廻りだけで急遽上洛して二度目の本能寺入りした。

ところが六月一日の雨の中、信長入京祝賀の名目で公卿衆約四十名が大挙して表敬訪問してきたのである。そしてこの公卿衆を相手に「本能寺茶会」を催したというのが通説になっているのだが、これはまったくの間違いである。

ところが驚くべきことに、茶道の大家である桑田忠親《くわたただちか》氏までもが、この説を自著で肯定しているのだ。桑田氏は、

「本能寺書院で安土から運んだ三八種の名物茶器を披露する茶会が開かれた……正客《しょうきゃく》は

近衛前久《このえさきひさ》で、筑前博多の豪商神谷宗湛・島井宗叱（宗室）も招かれていたらしい」とはっきり記しているが、とうていありえないことである。

間違っている根拠を申し上げると、

・この公卿衆・大陳情団の中に山科言経《やましなときつね》という公卿がおり、その日の彼の日記『言経卿記』に、はっきりと「進物被返了」（進物はすべて返された）とある。つまり信長は、公卿衆からの進物を断った。招かざる客への「面会謝絶」の宣言そのものである。面会謝絶の公卿衆を相手に茶会を催すことなどありえない。

・茶会に関白・近衛前久や、博多の商人も同席していたとあるが、殿上人《てんじょうびと》と地下人《じげにん》（博多の商人）が同席することもありえないことである。

・陰暦六月一日はすでに盛夏であり、京の夏は蒸し暑く昼日中《ひるひなか》の茶会はありえないことで、「朝茶会」でなければならない。

この時点では公卿衆には「茶の湯」の嗜好《しこう》がなく、さしもの「大名物茶器」も、公卿衆にとってはさしずめ「猫に小判」の類《たぐい》だったはずである。

しかもこの大陳情団たる公卿衆は雨の中、向こうから勝手に押しかけてきたのであって、その目的はまったく不明である。

明らかなのは、次の事柄である。
・「今度《こたび》関東打ちはたし候物語共被申候」と、この三月の武田勝頼討伐の軍功を、信長は自慢げに上機嫌で公卿衆に語っている。
・このたびの中国遠征は、「西国の手つかい（毛利との合戦）、四日出陣可申候。手たてさうさ（雑作）あるまじき事」と公言している。（傍点引用者）
・再度「改暦問題」を採り上げて、その日拝謁した武家伝奏担当の公卿・勧修寺晴豊《かじゆうじはれとよ》は、「十二月の閏《うるう》の事申出、閏有るべきの由申され候、いわれざる事也、これ信長のむりなる事と各申事也」（『日々記』）と憤慨《ふんがい》している。
信長は、当年（天正十年）十二月の後に閏月を入れよと命じたのである。禁裏が管轄する宣明暦《せんみようれき》（京暦）では翌十一年（一五八三）正月の後に閏月を入れることになっていたが、信長は、東国で流布している「三島暦」や「尾張暦」に基づいて主張していたのである（この点も「朝廷黒幕説」の一因になってはいるが……）。

『言経卿記《ときつねきようき》』には「数刻御雑談、茶子・茶有之、大慶々々」とある。いくら不意の客衆とはいえ相手はれっきとした公卿衆であり、数刻も雑談して粘られたのだから、軽いお湊《しの》ぎとして松花堂《しようかどう》弁当のような粗餐《そさん》と酒が軽く振る舞われ、後にお茶が出されたのであろう。だが決して「茶会」ではなかったはずである。

最初から招く予定もない公卿衆を相手に、わざわざ雨の中、安土から三十八点もの大名物茶器を搬ぶのはありえないことである。しかも「進物はすべて返された！」のだから、本来は面会謝絶のはずである。それなのになぜ数刻にわたって会談ができたのか。実は信長に大名物茶器「楢柴肩衝」取得という慶事があり、特別に拝謁が許可されたのだ。それについては後述したい。

●信長が招きたかった本当の客人

ではなぜ三十八点もの「大名物茶器」を大雨の中、わざわざ安土城から搬んできたのか。その理由は実に明白である。すなわち、博多の豪商茶人・島井宗室とその義弟の神谷宗湛に披露する茶会を催すためである。二人は博多の豪商茶人であり、しかも島井宗室は、大名物茶入《ちゃいれ》「楢柴肩衝」の所有者として、つとに著名な茶人だった。

信長はその名物狩りですでに「初花《はつはな》肩衝」と「新田《にった》肩衝」という大名物茶入を所持していたのだが、この「楢柴肩衝」を入手すると天下の三大・大名物茶入が揃うことになり、まさに信長の垂涎《すいぜん》の的《まと》の茶入だった。

そもそも茶入が茶道具の中でも最高位の物とされ、大方は「肩衝《かたつき》」、「茄子《なす》」、「文琳《ぶんりん》」、「その他」に大別できるが、なかんずく「肩衝」がその第一である。「初花肩衝」、「新田肩衝」、そしてこの「楢柴肩衝」という銘のある三器をこの時点で揃って所持した者はおらず、この「楢柴肩衝」さえ入手すれば、信長こそ天下に隠れなき最初の大茶人に成りえたのだ。

●「傾国の美女」に匹敵する茶器が存在した

先般、拙著『本能寺の変　秀吉の陰謀』で、この「本能寺茶会」の絡繰《からく》りに関して縷々《るる》と記述したのだが、同学（仏文学科）の大先輩から、「傾国の美女ではあるまいし、信長ほどの者が、たかが茶入一個で……」と大叱責をいただいた。

ところが信長の垂涎の的であった「楢柴肩衝」は、まさに傾国の美女だったのである。本能寺の変によって、結果的に信長からの難を脱した「楢柴肩衝」は、その後さらに深く島井宗室の秘蔵するところとなった。しかし、一難去ってまた一難。まだ天敵が二人いたのである。

豊後《ぶんご》の大友宗麟《おおともそうりん》もかねてからこの「楢柴肩衝」に横恋慕《よこれんぼ》しており、宗室に烈しく譲渡を迫り、六千〜一万貫を提示したが、宗室は頑《かたく》なに固辞していた。

一方、宗麟の仇敵である筑前の秋月種実《あきづきたねざね》もこの「楢柴肩衝」に恋い焦がれていた。再三その譲渡を迫るも一向に埒《らち》が明かず、痺《しび》れを切らした種実は博多の商権を盾に取って、宗室から強奪した。

これを知って怒髪天《どはつてん》を衝《つ》く大友宗麟は、秋月城を攻め、有名な「楢柴争奪戦」が始まった。形勢不利な秋月種実は島津義久《しまづよしひさ》に通じて、連合軍として逆に宗麟を攻め立てた。

慌てた宗麟が豊臣秀吉の許に救いを求めて上洛し、ついに宗麟は、秘蔵する「新田肩衝」を秀吉に献上する破目になるのだが、ここで宗麟の有名な書状が登場する。

何事も何事も、美濃守かくのごとく候あいだ、心安かるべく候。内々の儀は宗易、公儀の事は宰相存じ候。御ために悪しきことはこれあるべからず候。いよいよ申し談ずべし……

（とにかく安心してほしい。内々のことは宗易《そうえき》（利休）、公儀のことはこの私（秀長）がよくわかっているのだから悪いようにはしない……）

と心遣いをいただいたとなり、茶聖・千利休の権勢振りも窺《うかが》い知れるのであるが、その後の秀吉の九州攻めで、この「楢柴肩衝」も結局は太閤の手中に収まることとなる。さらに秀吉の政権確立を祝って徳川家康が献上した「初花肩衝」も併せて、天下の三大・大名物茶入が、初めて太閤秀吉の許にすべて集まったのである。

信長を狂わせ、なおかつ名だたる戦国大名の大友宗麟、秋月種実の二人を争わせることになった「楢柴肩衝」は、はたして「たかが茶入一個で！」と決め付けられる物であったのであろうか。

蛇足になるが、三十八点の大名物茶器のうちの「珠光茄子茶入《じゆこうなす》」に、織田家の重臣・滝川一益《かずまさ》が恋焦がれ、「武田攻め」の軍功にと高望みをするのだが、あえなく信長に一蹴された。また松永久秀も、信長に謀叛して信貴山《しぎさん》城が囲まれた際に久秀所持の名物釜「平蜘蛛《ひらぐも》」を差し出せば助命するとの申し出があったにもかかわらず、「おめおめ信長の手に渡るくらいならば」と、己が首に巻き付けて名物釜共々に爆死したという。

戦国武将にとっての名物茶器は、まさに一国一城にも値するとともに、何かクレージーにさせる魔力があったのである。

閑話休題……本題を「本能寺茶会」に戻したい。

●「本能寺茶会」は一度中止になっていた

信長は本能寺茶会の数カ月前の天正十年正月二十八日に、茶会という名目で、島井宗室との折衝を企てていた。

宗室のプロフィールを『原色茶道大辞典』（淡交社）で見てみると、

「天文八年～元和元年、博多の豪商。酒屋土蔵を業とし、貿易商人として巨富を積み、大友氏をはじめ北九州の大小名らと結び、大友氏の御用商人である堺の天王寺屋道叱《どうしつ》らと交遊し、天正八年には堺に上り津田宗及ら堺衆と茶の湯を交歓。すでに羽柴秀吉に面識を得たらしい。楢柴肩衝の所蔵でも知られる。信長や明智光秀にも召された。本能寺の変には信長に随伴していたともいわれる。利休の出世により、これに親近したが、天正十五年の九州の役には親戚の神谷宗湛と共に秀吉に献身、博多復興の衝にあたって両名に市政が委ねられた（以下略）」（傍点引用者）とある。

信長の信任厚い堺の代官・松井《まつい》有閑《ゆうかん》が、堺の茶人である塩屋《しおや》宗悦《そうえつ》、銭谷《ぜにや》宗訥《そうとつ》、津田宗及らに宛てた書状がある。

来《きた》る二八日、上様、御上洛なされ候。御茶の湯のお道具持たれ、京都においてお茶の湯成され、博多の宗叱（宗室）に見せさせられるべき由、昨十八日仰せ出され候……

とあって、お前たち堺衆もよかったら連れ立って上洛するように、と書かれていたのである（『島井文書』）。

島井宗室は、天正八年頃からしばしば上方の茶会に席入りする機会が多くなり、山上《やまのうえ》宗二《そうじ》、津田宗及を始め当時の著名な茶人、特に千宗易（利休）とは昵懇《じっこん》の間柄だった。だから信長から、わざわざ秘蔵の大名物茶器を京都まで搬んで見せてもらえるほどの大茶人になっていたのであろうか。

いや、信長にとっては三代名器の一つ、「楢柴肩衝」を所持するがゆえに宗室に大いなる関心を持っていたのだ。

つまり信長は正月の茶会で、「楢柴肩衝」の譲渡を画策していたのだ。ところが正月の茶会は中止になってしまった。「武田攻め」の一大極秘作戦が緊急に持ち上がってきたからである。

この事実は京都吉田神社の神主・吉田兼見《よしだかねみ》（謙和）卿の日記『兼見卿記《かねみきょうき》』（天正十年正月の条）に、

・二六日、乙酉、京都所司代・村井貞勝《むらいさだかつ》訪問。二八日信長様御上洛の由。
・二八日、丁亥、信長様の御上洛が延期されたとの由。
とあることからも充分裏付けられている。

ところが島井宗室は天正十年正月二十五日に、明智光秀の朝茶会に招かれている。場所は坂本城の茶室で、招かれたのは島井宗室と津田宗及の二人（『天王寺屋他会記』）。

床には四方盆《よほうぼん》に肩衝茶入を載せ、炉は使わず風炉《ふろ》を使っている。これは信長からつい最近拝領した平釜《ひらがま》を据えるためで、どうやらその拝領釜の御披露目《おひろめ》の茶会だったらしい。

光秀はその平釜拝領の経緯《いきさつ》を得意そうに話したことであろう（「本能寺の変」が四カ月後に迫っていながら、まだ光秀には謀叛の意思がなさそうだ）。

後座《ござ》には、床に藤原定家卿《ふじわらさだいえ》の色紙《しきし》が掛けられ、前に硯《すずり》と文台が置かれ、光秀の歌道に対する深い素養が窺《うかが》える。

やがて霜夜天目《しもよてんもく》で濃茶《こいちゃ》が、続いて薄茶《うすちゃ》が高麗茶盌《こうらいちゃわん》で、いずれも光秀の点前《てまえ》で点《た》てられ客二人が服した。お茶が過ぎてから光秀秘蔵の葉茶壺「八重桜《やえざくら》」が持ち出され、宗室、宗及共々これを愛《め》でて、正月末の茶会が静謐《せいひつ》の裡《うち》に了《おわ》っている。

つまり島井宗室をわざわざ招いた「光秀茶会」の理由として、信長が反故《ほご》にした宗室への画策を、今後に繋げるためということが考えられるのだ。

●「楢柴肩衝」は信長を京都に誘い出す罠だった

島井宗室が五月中旬から京都に滞在しており、六月初旬には博多に向けて京を立つ旨の情報が、千宗易（利休）から信長の許にもたらされた。恐らく、信長をたぶらかすガセネタの類だったと思われる。しかし、信長にしてみれば、玩具屋の前で物をせがむ小児さながら、宗室在京のこの機を逸したら当分の間「楢柴肩衝」入手の機会が遠のく、という焦りがあり、何としてでも宗室に会いたい。

だが初対面の博多の豪商に「予の上洛まで待て！」とは、いくら信長にしてもまだ言えない。とにかくこちらから会いに行くしかないのだ。

折から家康饗応中の五月十七日、援軍を要請する羽柴秀吉の早馬により、「天下布武」達成の最後の決戦たるべく、西国制覇のため自らも軍勢を率いて出陣を決意したところであり、筒井順慶《じゆんけい》軍が上洛する前に一足早く京都に赴いて、是非とも「楢柴肩衝」譲渡の話だけは付けておきたい。

そのため、信長の三人の御茶頭《おさどう》の一人、千宗易から島井宗室に連絡を入れさせ、「六月一日なれば、上様の御館《おやかた》に参上仕つる」との確約を得たのであろう。

かくして信長は、安土城から三十八点もの「大名物茶器」を搬んで「楢柴肩衝」の茶入欲しさに五月二十九日の大雨の中、もっとも無防備な形で本能寺に入ってしまったのだ。

この事実は単なる推論ではない。三十八点の「大名物茶器」に関して、「本能寺の変」より十一年後の文禄二年（一五九三）、堺の茶人・宗魯《そうろ》によって筆録された『仙茶集《せんちゃしゅう》』の中に、【島井宗叱（宗室）宛て長庵の道具目録】が収録されており、その冒頭に「京ニテウセ（失せ）候道具」とあって、以下、件《くだん》の三十八点が記載されているのである。

○作物《つくも》茄子（九十九茄子）○珠光《じゅこう》茄子○円座《えんざ》肩衝○勢高《ぜいだか》肩衝○万歳《ばんぜい》大海○紹鷗《じょうおう》白天目○犬《いぬ》山灰被《やまはいかつぎ》○珠光茶盌○松本茶盌○宗無茶盌○高麗茶盌○数の台二つ○堆朱《ついしゅ》の龍の台○趙《ちょう》昌《しょう》筆の菓子の絵○古木《こぼく》の絵○小玉澗《ぎょくかん》の絵○牧谿《もっけい》筆くはいの絵○牧谿筆ぬれ鳥の絵○千鳥香炉○二銘《ふたつめい》の茶杓○珠徳《じゅとく》作の浅茅《あさじ》茶杓○相良《さがら》高麗火筯《ひばし》　同鉄筯《てつばし》○開山五徳の蓋置○開山火屋《ほや》香炉○天王寺屋宗及旧蔵の炭斗《すみとり》○貨狄《かてき》の舟花入○蕪《かぶら》なし花入○玉泉《ぎょくせん》和尚旧蔵の筒瓶《つつへい》青磁花入○切桶《きりおけ》の水指○かへり花水指○占切《しめきり》水指○柑子口《こうじくち》の柄杓立《ひしゃくたて》○天釜《てんがま》○田口釜○宮王釜○天下一合子《ごうし》水翻《みずこぼし》○立布袋《たちほてい》香合○藍《らん》香合。

（本能寺の変後、焼け跡から「作物茄子」「勢高肩衝」の二点が拾い出されて現存している）

そして結びに、差出日「六月一日」、差出人の楠木長庵《くすのきちょうあん》の在判で、「三日月、松島、岸の絵、万里江山、虚堂痴愚《きどうちぐ》の墨蹟、大道具に依って安土に残置候。重ねて拝見仰付らるべく候」とある。

つまりこの『仙茶集』を信じる限りにおいては、信長が島井宗室に披露するためにわざわざ安土から、三十八点の「大名物茶器」を搬んだことがはっきりとわかるのだ。

そして「三日月、松島の葉茶壺、虚堂痴愚《きどうちぐ》（中国南宋・臨済宗の高僧）の墨蹟などは大道具なので今回は安土に残してきたが、またの機会に見せるであろう」と約束してもいる。

（差出人の楠木長庵は、南朝の忠臣・楠木正成《くすのきまさしげ》の後胤《こういん》という家譜を持ち、信長の側近中の側近と言われ、祐筆《ゆうひつ》役を務めた人物である）

最初の天正十年正月二十八日に予定していた茶会が、そのまま実行されていたとしたら、決して事変は起きていなかったことであろう。なぜならば信長は、まだ「天下布武」に王手もかけておらず、「陰謀者側」でもまだ謀叛の状況が整っていなかったからである。

しかしこの「本能寺茶会」こそが、信長を京都に誘《おび》き寄せる最良の罠《わな》であることを千宗易から教わった「陰謀者＝秀吉」は、機が熟した時点で再度信長の上洛を促し、結果的に成功したのである。

その信長上洛を促したものこそ、五月十七日の、秀吉による「上様、御出陣要請」の早馬であった。

●「本能寺の変」の実行司令塔は、京都の茶人だった

三十八点もの「大名物茶器」をわざわざ安土城から持ち込んだ事実だけを知ると、どうしても拝謁を願った四十名の公卿への茶会に使うため、と思ってしまう。だが、この表敬訪問は、前述の通り公卿が一方的に押しかけてきたものである。

六月一日はもうすでに真夏であり、当時の慣習としては当然「朝茶会」であったはずだから、島井宗室や神谷宗湛たちが目も眩《くら》むような名器を前にして、十二分に朝茶会を堪能した後に、この公卿衆が押しかけてきたことになるのである。

また名器縹を子細《しさい》に見ると、茶入（六点）、茶盌（五点）、掛軸（五点）、花入れ（三点）、水指（三点）、釜（三点）、など複数化しているので、宗室・宗湛両名を招いての茶会には、仕組んで荘《かざ》る道具立（実際の茶事に使う物）と、拝見させるために飾る茶器類に当然分け

られていたのであろう。

また島井宗室も名うての豪商茶人だから、信長に見込まれた「楢柴肩衝」を観念して、「上様の天下統一のお祝いに、御献上仕る……」と献上を約し、代わりに博多、及び九州商圏の利権なり、名器の拝領に与《あずか》ったことであろう（ただし「楢柴肩衝」は、当日はまだ持参してはいなかった）。

ところで一体誰がこの「朝茶会」の茶頭《さどう》（点前などの一切の振る舞い）をしたのであろうか。信長の三人の「御茶頭」のうち、今井宗久、津田宗及の二人はちょうどその日は堺にあって、賓客の徳川家康、穴山梅雪一行の接待におおわらわであった。

『天王寺屋他自会記』や『宇野主水日記《うのもんど》』によれば、家康一行は今井宗久宅で「朝茶会」に招かれ、日中は津田宗及宅で「茶事」を行っている。

そして残る一人の千宗易は、なぜか暫くの間行方不明になるのである。つまり三人とも体裁よくクーデターの難を避けていたことになる。

そこで茶頭として考えられるのが、長谷川宗仁《はせがわそうにん》という京都の茶人である。彼が「本能寺茶会」に居あわせた可能性は非常に高いといえる。

長谷川宗仁は京都の有力町衆茶人で、信長に見《まみ》えるのは、信長が上洛した翌年の永禄十二年（一五六九）頃からである。同じ茶人で政商の堺衆・今井宗久と組んで信長に仕え、今井宗久共々その見返りとして都市やその周辺の直轄地の代官職が与えられ、特権的町衆として都市に君臨するようになったともいわれている。

彼は『信長公記』にも三回登場し、さらに豊臣政権下では秀吉の寵臣ともなる、曰《いわ》く因《いん》縁《ねん》付きの人物である。信長の本能寺泊の確認、及びその警護体制もつぶさに秀吉に報告し得る、「本能寺の変」の実行司令塔もしくは情報統括者として欠かせない役割を担っていたと考えられるのである。

かくして島井宗室・神谷宗湛を招いての「本能寺茶会」が無事に御開きになるや、長谷川宗仁は六月一日の夕刻までには、巧みな口実で本能寺を辞していたことであろう。

一方、通説では島井宗室・神谷宗湛の両名は、その晩本能寺に宿泊して翌払暁、事変に巻き込まれたという。しかし、強《した》か者《たた》の両人のこととて、宗室は床に掛かっていた空海筆の「千字文」を、また宗湛は牧谿筆の「遠浦帰帆図《えんぽきはんず》」を相携えて脱出したとまことしやかに伝えられている。万余の明智軍が取り囲む本能寺からよくもまあ無事に脱出できたことと、不思議に思われるのだ。

しかもあろうことか門外で明智光秀が「坊主、達者でおじゃれよ！」と、法体《ほったい》姿の島井宗室に向かって馬上から声を掛け、逃したともいわれている。これでは宗室が「本能寺茶会」の情報を光秀にもたらしたかのごとくである（実際には四カ月前の坂本城内で、光秀に招かれた前述の茶会があったばかりだが)。

かくしてこの「本能寺茶会」で信長は、執心していた「楢柴肩衝」を囮《おとり》にされて、儚くも逝ってしまったのである。

後に、秀吉が天下人となった天正十五年十月一日、北野神社境内《けいだい》で、「釜一つ、茶碗一つ、及び焦がしを持参するだけでもよい」という趣旨で北野大茶会が盛大に開催された。千宗易が「楢柴肩衝」で、津田宗及が「初花肩衝」で、太閤殿下が「新田肩衝」でそれぞれお茶を点てた。つまり、天下の名物茶器が揃い踏みをした。徳川家康が正客として各茶室を巡ったという逸話も残されている。

だが後年、結局はこの三器は徳川家の「柳営御物《りゅうえいごもつ》」に収まるのである。「楢柴肩衝」は明暦三年の江戸大火以後、行方不明。「初花肩衝」は無傷で、「新田肩衝」は大坂夏の陣の戦禍の跡から拾い出されて、それぞれ現存している。

●義理の息子に宛てた千利休の手紙に隠されていた深い意味

では一体誰が、宗室・宗湛の二人をこの茶会に招くコーディネーターの役割をしたのであろうか。そしてこの無防備な空間が、たまたま偶然にできたのか。はたまた周到緻密な計画のもとに練られたのか。

これこそが、「本能寺の変」の真相を解く最大の鍵でもある。

信長の「御茶頭《おさどう》」のうちの二人、今井宗久と津田宗及が時あたかも堺にあって賓客・徳川家康一行の接待におおわらわだというのに、肝心のもう一人の御茶頭である千宗易、すなわち千利休のこの時期の動向は、まったく解っていない。

平成十四年に私が京都に出掛けた際、『春季特別展』（珠光から利休へ、侘茶の確立）を観るため野村美術館に足を搬んだ。

そして「少庵宛消息文」の前に立ったその時、思わず背筋に戦慄が走ったのを今でも鮮明に覚えている。少庵とは利休の女婿であり、千家二代目を継いでいる。

実にこの消息文が、私の「本能寺の変」への検証の観念を一変させたのだ。

一方、『読売新聞』のコラムにも、「千利休の直筆の手紙」、「本能寺の変の五日前」、「戦国時代の第一級史料」、「息子宛て・政治の動きに強い関心を」などという見出しで、「利休研究家らは、『事変前の動きを伝える生々しい記録と同時に、利休が政治面に強い関心を示すなど当時の利休像をさぐる第一級の新史料になる』と評価している」と書かれていた。

ところがこの史料はあまり知られていなかったため、「本能寺の変」研究家として筋道を立てて言及したのは私が初めてではないだろうか。

この消息文は大阪市内の実業家が所有していたが、野村美術館の手で発見され、同館に展示されたのである。なお、見出しの「五日前」は誤りで、「三日前」である。

早速解明に当たると、

追伸　上様御成御上洛候
旨承候　播州
いかゞ候哉　　聞候事候者
殿様不被成　御
　早々可承候　以上
下向候付而我等式を
初南北名々力を
うしなひ候　かえす〳〵
　御残多次第〳〵
　　恐々謹言

五（月）廿八日　　宗易（判）

少　参

（予定されていた殿様（信忠）が、堺に御越しになられないというので、私はじめ堺衆は力を失い、準備していた茶会も無駄になり、返す返すも残念、無念である。

追伸　上様（信長）御上洛との由、承った。播州（秀吉）はどうなっているのか？　情報が判り次第、早々に連絡を請う……）

以上の書状を少庵に出して以来、千宗易の名は確実な史料にはまったく登場していないのだ。三日後にはとてつもない大事変が勃発しているというのに、宗易のこの長き不在はどういう意味合いをもっていたのであろうか。

しかも宗易はこの二十八日の時点で、翌二十九日の信長上洛の予定を確実に入手していたことになり、少庵からもさらに念を押されているかのようである。

もとより宗易は信長の信任も厚く、しかも近侍《きんじ》していたので、信長の行動予定も耳に入り易かったことであろう。何よりもこの極秘事項（「本能寺茶会」）も知っていたか、むしろそのコーディネーターの一人と目されていたことは紛れもない事実である。

●黒幕としての千宗易

さらにそれを立証するがごとき不可解なことがある。

つまり「秀吉はどうなっているのか？　情報が判り次第、早々に連絡を請う」となぜ秀吉からの情報を欲しがるのであろうか。もしくは秀吉からの指令を待っていたのだろうか？　それとも宗易が何らかの緊急事項を発信して、その指令を待っていたのだろうか？　また息子の少庵は、その伝令役を受け持っていたのであろうか？

このときの秀吉といえば言わずもがな、京都から約二百キロ離れた備中高松の地で目下「高松城水攻め」の真っ最中であり、かつ毛利軍五万の大軍に逆包囲され信長に早馬で援軍を請うている状況下である。常識的に考えれば、千宗易に構っている暇などとてもないはずである。

信長にしても、島井宗室との「本能寺茶会」が済み次第、六月四日に京を出立して毛利攻めに向かう予定であるというのに、どうしてこうも執拗に、秀吉の情報を気遣うのであろうか？　ここにこそ「本能寺茶会」を設《しつら》え、信長を本能寺まで誘《おび》き出す仕掛けが垣間見られるのだ。

この少庵宛ての書状は確かな資料である。だからこそ、「織田信忠が五月二十五日の前後に堺を訪れ茶会を催すことになっていたが、急遽、信長上洛の警護に当たるため取り止めになってしまったので、この書状を少庵に出した後、宗易はがっかりしてその後消息不明になってしまった」といわれている。

ところが宗易は、六月十五日に摂津《せっつ》の城主・中川清秀に宛てて手紙を認《したた》めている。そこでは、「明智光秀の最後の本陣であった山崎勝竜寺城攻めに於ける戦功に驚嘆し、そのためにお手紙を差し上げる、云々」と述べており、すでに羽柴秀吉の側近のような感覚である（『利休大事典』淡交社）。

中川清秀（光秀の寄騎衆）といえば、羽柴秀吉も高松から京都に向かう途上の六月五日付で清秀宛てに誘降の書状を書いている（この件《くだり》は極めて重要な意味合いを持っているので後刻『梅林寺文書《ばいりんじもんじょ》』の項で詳述したい）が、この書状の文中に「古佐（古田織部《ふるたおりべ》）にもよろしく伝えられたい」とある。

織部は清秀の義弟であり、しかも後年、「利休七哲《しちてつ》」の一人となる茶人武将である。ということはさしずめ、宗易はこの古田織部に会いがてら、清秀の秀吉方参陣の駄目押しを行ったのであろうか、という、実に意味深長な成り行きであると言わざるを得ないのである。

その後の秀吉と宗易（利休）の関係は並大抵のものではない。前述の大友宗麟が例の「楢柴争奪戦」で不利になり、太閤秀吉に「新田肩衝」を手土産に援助に請うた際の件《くだり》とその続きを収録すると、愕きの極みである。

> 何事につけてもこの美濃守は、このような気持ちでいるから安心して欲しい。内々の事は宗易、公儀の事はこの宰相の私がよく存じているのだから、悪いような事は決してしない筈だ（と、秀長公が私〔宗麟〕の手を取って歓待して頂いた）。
>
> さらに今回は利休居士も心を添えられて奔走された様子は、何とも言い尽くせない。永久に忘れてはなるまい。この大坂城内の様子を見るにつけても、宗易でなくては、関白様に一言も申し上げる人がいないと、見およんだ。並大抵に思ってはもってのほかだ。とにかく現今も、行く末も秀長公と宗易へは慎重に、分け隔てなくお近づきになる事が肝要だ（傍点引用者）。

このように、宗麟が大坂城内における羽柴美濃守秀長と千宗易の地位を、如実に書き記している（天正十四年卯月六日。『大友文書録』）。

だから本能寺の変が私の主張する「秀吉の陰謀」であるとするならば、千利休のこの事変への関わりは、並大抵のものではなかったのである。

だが秀吉と利休の晩年は、相剋《そうこく》というか確執というか、些細なことでも火花を散らすようになる。例えば、黒楽茶碗と赤楽茶碗である。

「黒キニテ茶タテ候事、上様、御キライ候事」と『神谷宗湛日記』にも記載されているように、秀吉は殊更、黒楽茶碗を嫌ったが、利休は、「赤ハ雑ナルコヽロ也、黒ハ古キコヽロ也」と言ってむしろ黒楽茶碗を愛《め》でている。秀吉にとっての黒楽茶碗は、恐らく己の心の深淵を覗き込まれるような、忘れるべくして忘れられない過去の痕跡を見る思いだったではなかろうか。

やがては賜死《しし》（切腹）という痛ましい結果を利休は迎えるのであるが、ここにも、秀吉の過去を知り過ぎていた男の悲劇が垣間見られるのである。

かくして千宗易（利休）も大きく関わったと思われる「本能寺茶会」が、未曾有の大事変の前日に、博多の豪商茶人・島井宗室、神谷宗湛を招いて静かに幕を閉じたのである。

●国宝「待庵《たいあん》」こそ、秀吉と利休の関係を今に伝える証拠だった

この章を通して、羽柴秀吉と千宗易の関係に唐突感を感じられる読者諸氏が居られるか

も知れないので一言、補足させていただきたい。

天正十年六月十三日夕刻、「山崎の合戦」でいとも呆気《あつけ》なく明智光秀を破った羽柴秀吉は、その後の京畿に睨みを利かせるために、天王山山頂に天守閣を構えた山崎城を突貫工事で築城するように命じ、さらに千宗易にも茶室を造るよう命じたのである。

秀吉が密《ひそ》かに天下を狙っているとはいえ、この段階ではいまだ織田家の一家老に過ぎず、千宗易はまだれっきとした織田家の御茶頭《おさどう》の一人である。

なのに、宗易は秀吉の命に従ってなぜ茶室を造るのか。これではもう天下人・秀吉に対して、秀吉の御茶頭の千宗易の図式ができ上がっているかのごとくである。

やがて寸時《すんじ》にして山崎城と茶室ができ上がるのだが、その後さしたる重要性も顧みられず廃城の憂き目を迎え、茶室も取り壊される運命にあったが、宗易の息子の小庵が多少の手を加えて近くの「妙喜庵《みようきあん》」に移築したのが、今に伝わる国宝「待庵《たいあん》」である。

この「待庵」には千利休の創意による「躙口《にじりぐち》」が付いている。秀吉を狭い空間の「くゞり戸」から潜って茶室に入れさせ、上下の隔てない「茶の平等化」を計ったのではないだろうか、等々の考察はさておき、「本能寺茶会」のコーディネーターから「小庵宛書状」に見られる「播州（秀吉）はどうなっているのか？　情報あり次第、早々に連絡を請う」等々、信長を誘《おび》き出す疑惑の数々、そして今まで陰に隠れていた秀吉と宗易の親密な関係が、信長暗殺後、そして光秀大敗後、この茶室問題で一挙に明らかになったといえる。かくして千利休は、その後の豊臣政権の御茶頭、否、前述の大友宗麟の件《くだ》りでも読み取れる内務大臣として機能していくことになるのである。

第三章　さまざまな記録から浮かび上がる「矛盾」とは何か

●なぜ信長父子の遺骸がないのか

茶道研究家としてどうしても触れたかった、秀吉の陰謀の色濃い「本能寺茶会」の絡繰《からく》りについての言及も前章で終わったので、いよいよ、「本能寺の変」の核心に迫りたい。

本能寺の変が通説通り明智光秀の謀叛であるならば、信長父子の首を洛中に晒《さら》してこそ、はじめて天下人として世に認知される。

本来武士の戦いで自分が勝利したこととは敵将の首を晒すことであり、自分が敗北することとは、自分の首が相手方によって晒されることである。まして信長の仇敵・朝倉義景・浅井久政《ひさまさ》・長政の首は、晒された後も、さらにその髑髏《どくろ》を「薄濃《はくだみ》」にし、折敷《おしき》（角盆）に載せて、信長の年賀の宴の引出物としてまた晒されたのである（『信長公記』）。

また「忠臣蔵」でも、亡君・浅野内匠守《たくみのかみ》の無念を晴らすべく吉良上野介《きらこうずけのすけ》邸に討ち入り、見事吉良の首を泉岳寺の墓前に供えている。つまりそれだけ敵将の首を晒すことに、重大な意義があるのだ。

前日あれほど大勢の公卿衆が押しかけてきて夕刻まで粘られたのだから、信長が本能寺にいなかったわけはない。襲撃が翌早暁であれば、信長父子の首は必ず討ち取れたはずである。

だが『信長公記』によれば、

（信長公は）殿中深く入り給ひ、内より御南戸（納戸）の口を引き立て（内からお納戸の鍵をかけて）自刃したので、本能寺全焼につき遺骸が不明。

三位中将信忠卿の御錠には、御腹召され候て後、縁の板を引き放し給ひて、後に此の中に骸骨を隠すべき旨仰せ付られ、これまた遺骸が不明であった。

と、詭弁《きべん》を弄するのである。

かくして『當代記』の記述にある通り「焼き死に玉ふか、終《つい》に御死骸見へ給はず、惟任《これとう》（光秀）も不審に存じ、色々相尋ねけれども、その甲斐無し」ということであれば、光秀以外の実行犯グループが、本能寺と妙覚寺（二条御所）を同時に襲い、信長父子の遺骸を密かに搬び去ったことになるのではないだろうか。

つまり光秀軍は、すでに灰燼《かいじん》に帰した現場に遅参したからこそ、両者の遺骸がなかったことになる。

●本能寺の変の直前を描いた日記

そこで、実証史学を踏まえて「本能寺の変」勃発直前を緻密《ちみつ》に遡ってみたい。


【五月二十九日】曇りのち大雨。

信長は西国遠征の先立ちとして、かつ、堺の茶人・宗魯が筆録する「島井宗室に見せさせるべき大名物茶器」三十八点を相携えて雨の中、安土から一年ぶりの上洛に向かった。

当然、妙覚寺に先乗りしていた警護役の織田信忠隊（約百兵）も粟田口《あわたくち》辺りまで出迎え。一方、吉田兼見の『兼見卿記』によれば、

廿九日、丙戌、信長御上洛為御迎、至山科罷出、數刻相待、自午刻雨降、申刻御上洛、御迎各無用之由、先へ御乱案内、急罷帰了。
（信長様お迎えのため［一同］山科まで罷り出て数刻お待ちしたが、昼から雨になり、折角のお出迎えは御無用に願いたいと森乱丸殿から先触れがあり、やれやれと言って急ぎ帰った。午後四時頃信長様御上洛との事）

五月は小の月で二十九日が晦日となり三〇日はない。つまり翌日は六月一日となる

【六月一日】
早朝、島井宗室・神谷宗湛を迎えての「朝茶会」。大名物茶器・三十八点をも披露し、宗室より「楢柴肩衝」の譲渡の内諾を得てか？　茶会が終了。

念願が叶った余韻のうちの歓談中、昼前、入京祝賀の名目で公卿衆が大挙して来訪するも、信長は一度は拝謁拒絶の旨申し伝えるが、「楢柴肩衝」入手の慶事で信長の機嫌もよく、結局は拝謁を赦し数刻雑談をする。

夜に入って妙覚寺から嫡男信忠が訪れて打ち合わせ。本因坊らの碁を観戦するも、「三《さん》劫《こう》」という不吉な禁じ手が出て中止し、「朝茶会」の疲れも出たのか信長は、早々に床に就く。

かくして信長は入洛し、無事に朝茶会も終え、かつ公卿衆の拝謁も受けた。

当時の京都内のロケーションは、

・信長は近習三十名余召し連れ、すでに先乗りの宿直《とのい》三十名余と、本能寺境内に設《しつら》えた「御成御殿」と称する別館に落ち着く。宿直武士総数は、事変後討ち死にの五十二名。

・妙覚寺で警護役の織田信忠隊も滞《とどこお》りなく信長を迎え、さらなる警護役を務めるが、緊迫感はない（警護兵約百兵余）。

・明智光秀は、廿七～八日の「愛宕参籠」から坂本城に戻り、洛内周辺に坂本城兵三千兵を駐屯させ、六月一日夜の亀山城兵二千有余の兵との合流を期す。

・『多聞院日記』によれば、筒井順慶軍約五千兵が翌六月二日に上洛を開始する（上洛中に事変を知り急遽引き返すのだが……）。

やがて信長は、念願の「本能寺茶会」も無事終え、「御一左右次第」、すなわち「余の命令次第」、明智軍・筒井順慶軍の陣立ての準備を整え、六月四日に京を出立して前述のルートで近畿管領軍を組み立てつつ、毛利攻めに赴く予定であったのだ。

再度整理すると、問題の【六月一日の深更】の洛内には、
・本能寺には、信長を含めてたった六十名の宿直武士、
・妙覚寺には、警護役の織田信忠隊のわずか一百余兵、
・洛外には明智軍約五千有余の兵が駐屯、
と、こんな閑散とした京都の佇《たたず》まいであった。そして翌二日早暁、東山三十六峰、深い静寂《しじま》に眠る京の市街《まち》が払暁《ふつぎょう》を迎えんとするその矢先、突如、本能寺と妙覚寺が「謎の軍団」約一千余によって一斉に急襲されたのである！

●本能寺をわずか1時間足らずで急襲した謎の軍団

早暁の無防備な本能寺襲撃は、前述の通り藤井学氏・今谷明氏が実証したようにわずか四十メートル四方の「御成御殿」であれば、しかも、これまた無防備な宿直《とのい》の面々の御殿方二十六名、御厩方《おうまやかた》二十四名、外泊者二名の合計五十二名であるならば、彼らを斬り殺し、信長の遺骸を搬び出すのも、赤子の手をひねるごとくであったろう。襲撃時間も四、五十分で終わったことと思う。

ところで、襲撃軍（殺しのプロ）の大方は、「一向二裏《いっこうにり》」の戦闘隊形を取ったと考えられる。一向二裏とは、一人が敵の真向かいに、残りの二人が敵の裏で構え、同時に挟み撃ちにする必殺法である。

例えば剣道五段ほどの三人が宮本武蔵を囲んで同時に（瞬時に）斬り込めば、武蔵相手でも撃てる。ただし、三人の呼吸が少しでも遅《ず》れると返り討ちに遭ってしまう。「一向二裏」の好例が赤穂浪士《あこうろうし》の討ち入りで、この隊形のおかげで（多少傷は負ったが）浪士側は実に死傷者ゼロであった。

かくして弓・鉄炮も使えない平服の近習たちは突如寝込みを襲われ、いともたやすく殺傷され、信長の遺骸も搬び出されたことになるのだ。

だから、遅れてやってきた光秀に、遺骸など見つかるはずがない。

二〇一一年四月二十九日未明、「米海軍特殊部隊シールス」は、米軍による指名手配中の国際テロ組織『アル・カーイダ』指導者、ウサマ・ビンラーディン（五四歳）が潜伏していた、パキスタン首都イスラマバードに近いアポタバードの豪邸に、四機の特殊強襲用ヘリコプターで急襲し、わずか四十分間で射殺を完了してビンラーディンの死体を収容した。その名も「海神《ネプチューン》の槍・オペレーション」（作戦）であった。（『読売新聞』所載）

この「ビンラーディン事件」が決して私の「仮説」の傍証ではないが、こういう事件が成立している事実を無視してはならないし、何よりも歴史上に厳然と起こり得た事実なのだからである。

中川清秀に宛てた『梅林寺文書《ばいりんじもんじょ》』で秀吉は、「上様（信長）並びに殿様（信忠）は、何の御別儀なく（支障なく）きりぬけなされ、世々《ぜぜ》が碕（膳所《ぜぜ》・大津市）へ退却され無事であられるし」と、六月五日の時点で信長父子の生存を伝えているが、これこそ二人の遺骸は絶対見つからぬという自信の表れである（この項は当該部で詳述したい）。

『信長公記』記載の本能寺での討死者は、以下の通りである。

・小姓衆　殿舎にて討死

森乱丸（長定《ながさだ》）、森坊丸（長隆《ながたか》）、森力丸（長氏《ながうじ》）、高橋虎松、小河愛平、菅家角蔵、魚住勝七、武田喜太郎、大塚又一郎、狩野又九郎、薄田与五郎、今川孫次郎、落合小八郎、伊藤彦作、久々利亀、種田亀、山田弥太郎、飯河宮松、祖父江孫、柏原鍋兄弟、針阿弥、平尾久助、平尾久助、大塚孫三、湯浅甚助、小倉松寿

・中間衆　厩にて討死
藤九郎、藤八、岩、新六、彦一、弥六、熊、小駒若、虎若、小虎若ほか二十四人
・その他、厩にて討死
矢代勝介、伴太郎左衛門、伴正林、村田吉五（森坊丸・森力丸の両名は森乱丸の実弟である）

一方、妙覚寺に駐屯する織田信忠隊約一百兵余となると話は別で、襲撃軍一千兵のうち、八百兵ぐらいは当てたことであろうが、これまた突如寝込みを襲い、しかも弓・鉄炮を前面に打ち立ててての急襲であるから、恐らく信忠隊も不意打ちを食って右往左往。戦闘時の滞陣ならいざ知らず、名目だけの信長警備で恐らく鎧も着用しておらず、まさに平家物語の宇治川の合戦さながらで、さしもの信忠隊も一方的にねじ伏せられたことであろう。

なお、信忠隊が妙覚寺を不利として二条御所に立て籠もったという説があるが、それは間違いで、あくまでも妙覚寺襲撃である。そんな余裕もないし、襲撃に余裕など持たせてはならない。

『信長公記』記載の妙覚寺の討死者は、
三位中将信忠、津田又十郎、津田源三郎、津田勘七郎、津田九右衛門、津田九郎二郎、津

田小藤次、菅家九右衛門、菅家勝三郎、猪子兵介（高就）、村井春長軒（貞勝）、村井清次、村井作右衛門、服部小藤太、長井新太郎、野々村三十郎、篠川兵庫、下石彦右衛門、下方弥三郎、春日源八郎、団平八郎、桜木伝七、寺田善右衛門、塙伝三郎、毛利新介、毛利岩、斎藤新五、坂井越中、赤座七郎右衛門、桑原九郎、逆川甚五郎、山口少弁、山口平四郎、河野善四郎、村瀬虎、佐々清蔵、福富平左衛門（秀勝）、小沢六郎三郎、土方次郎兵衛、石田孫左衛門、宮田彦次郎、浅井清蔵、高橋藤、小河源四郎、神戸二郎作、大脇喜作、犬飼孫三、石黒彦三郎、越智小十郎、平野新左衛門、平野勘右衛門、水野宗介、井上又蔵、種村彦三郎、松野平介、飯尾毛介、加藤辰、竹中彦八郎、河崎与介、村井新左衛門、服部六兵衛、水野九蔵、金森義人、道家吉十郎……以上の六十四名に、二〜三十の雑兵。

（なお福富平左衛門は後述の『梅林寺文書』の件《くだり》で再登場するのでご銘記いただきたい）

●京の街に流れた「犯人＝光秀」の噂

明智軍といえば、六月四日に京を出立する織田信長の迎合軍として、すでに二日未明には亀山勢約二千五百・坂本勢約三千の兵を桂川東岸に集結していた。そして、二日（当日）午後の筒井順慶軍約五千の兵の到着を待っていた。

午前四時頃、突如洛中の本能寺方面に上がる火の手。周章狼狽《しゅうしょうろうばい》の態で急遽明智軍が本能寺に到着すると「御成御殿」辺りはすでに灰燼に帰しており、俄か造りの明智軍の「白のしでしない」の馬印や、桔梗紋の旗印の何本かが明智軍襲撃の痕跡さながら散在しており、すでに洛中には、「日向守様、御謀叛！」の偽情報が襲撃軍の乱波《らっぱ》によって隅々にまで放たれていたのである。

これは決して奇を衒《てら》った推論ではない。真実（史料）が途絶している歴史事象には、推測で読み解くことしかできない時もある。いわゆる「仮説」である。だがこの「仮説」も、ある一連の過程を入念にチェックしていくと、事実ではなかったかと確信が持てることもあるので、ご理解いただきたい。

突如、京の街に勃発したクーデターで流言飛語が飛び交ううちに、「日向守様、御謀叛！」という乱波の放った偽情報が洛内を駆け抜ければ、京雀連の誰しもが「日向守様、御謀叛！」を早合点ならぬ、盤石《ばんじやく》の重みとなって信じていくのはごく自然な成り行きである。

ましてや織田信長・信忠の弑逆《しいぎやく》があまりにも唐突であったこと、さらにその十三日目に肝心の明智光秀までもが敗死してしまうという急転直下の政治的激変に巻き込まれた公卿衆から末端の住民に至るまで、まったく何が何やら皆目わからず、ただ右往左往するばかりであったのであろう。

すなわち、

・信長様がいよいよ待望の天下を御取りになる。
・その仕上げのため五月の末に上洛され、六月四日、毛利征伐に出陣される。
・ところがその直前、二日の朝、信長様と信忠様が明智光秀の謀叛で暗殺されてしまった！
・光秀は京に戒厳令も布《し》かず何か動きが緩慢だ。
・十二日、羽柴秀吉軍が二万有余の大軍を移動してすでに摂津富田《せっつとんだ》に着陣したそうだ。
・十三日、大山崎で明智・羽柴軍が激突して、明智軍が大敗北を喫して、光秀の首が本能寺跡に晒《さら》されたそうな。
・一体全体世の中はどうなっているのだ！　誰が次の天下様になるのやら……。

等々、この十三日間があっという間に過ぎ、はたまた、たった二十日間が過ぎたころ、今度は秀吉軍による「明智・残党狩り」が一段の厳しさを増し、加えて今度は逆に秀吉軍から戒厳令が布かれれば、見聞きした真実らしきことも大っぴらには口外もできない。

本能寺で信長に拝謁した公卿・山科言経《やましなときつね》さえ、その『言経卿記』の記述にもどかしさや、欠落、頁の削除などがあり、おざなりの三日、四日は別として、五日から十二日までの八日間はまったく欠落しているから、山科言経の慌ただしさが手に取るようにわかるのだ。恐らくこの削除された部分にこそ、何がしかの真実が書かれていたことであろう。

しかし、山崎の合戦の勝利者である羽柴秀吉への配慮か、はたまた、自分の身や一家に累禍の及ぶのを恐れて、その部分を削除・切除した。だから空白が続いたのであろう。

●『信長公記』の不自然な記述

三位中将織田信忠卿は、明智謀叛の由をお聞きになるや、信長公と一手になって戦おうとお思いになり、妙覚寺を出られたところ、本能寺門前に居を構える京都所司代・村井春長軒とその息子たち三人が走り寄って、

「本能寺はもはや落ち去り、御殿も焼け落ちてしまいました。敵はきっとこちらへ攻めかけてまいりましょう。二条御所（二条城）は構えも堅固です。立て籠もるのに都合がよいでしょう」

と申し上げた。そこで信忠卿はただちに、二条御所にお入りになった。信忠卿は、「まもなくここも戦場となるでしょうから、親王様・若宮様はここを出られて、禁中にお入り

になるのがよろしいでしょう」と申し上げられた。信忠卿は両宮においとまごいをされて、親王がたを内裏《だいり》へお入れ申し上げたのである。（榊原潤訳）

このように、『信長公記』では誠仁親王御一行の京都御所への御渡りをいとも簡単に書いているが、重要な問題が山積している。

桐野作人氏はその著書『織田信長』（新人物文庫）で、

「二条御所には誠仁親王とその一家（妃の勧修寺《かじゅうじ》晴子と数人の子女たち）、そして近侍の公卿衆八人ほどがいた。信忠主従が二条御所に入ると、村井貞勝が親王に武具を付け、馬に乗るよう勧めた。村井は親王にも戦うように求めたのか。

親王は外の明智方に使者を送っている。そのとき、親王は光秀に『自分がどのようにするのが望みか。自分も同様に切腹すべきかと問うたところ、光秀は親王には他意はなく何も求めないが、信忠を逃がさないため、馬にも駕籠にも乗らず、即刻御所から出るように』と答えた（『十六・七世紀イエズス会日本報告書』七）。親王の覚悟のほどが意外である。

切腹する覚悟を光秀に示している。親王は信長に擁立されたという意識を深く持っていたから、信長に殉じようとしたのだろう」（傍点引用者）

と記されている。

しかし、誠仁親王に徒歩での御渡りなど強要するわけなど、光秀には到底ありえないのだ。

また、いかに信長に擁立されていようとも、それに殉じて切腹する謂《いわ》れなどさらさらないし、筆・箸よりも重い物を持ったことがない御仁に、鎧を付けて乗馬して戦えとは極めてナンセンスである。

しかも、光秀と親王との間では後に、「銀子五百枚献上」「征夷大将軍内示」といった近接した関係が出来《しゅったい》する。

これはどうやら桐野氏のいう『イエズス会日本報告書』説を採るか、私の主張する『兼見卿記』記載の、里村紹巴《さとむらじょうは》一行の「親王御動座」説を採るかの違いであろう。

●「擬装軍団」を誠仁親王が目撃していた

「本能寺の変」は太陽が東から昇るがごとく、初めに光秀の謀叛ありきから出発しているので、本能寺襲撃も、また妙覚寺襲撃も当然明智軍となる。

本能寺では信長の「これは謀叛か?」の問いに、「はい、明智が手の者にて」と森乱丸がはっきり答えている（正確には太田牛一の記述）。妙覚寺襲撃もこれまた明智軍の襲撃になるわけである。

ところが妙覚寺襲撃に関しては、隣りに居住していた誠仁親王にまで災禍が降りかかり、親王はこの襲撃軍が文字通り明智軍か、はたまた明智を騙《かた》る謎の擬装軍団か、身をもって体験させられているのである。

しかもあろうことかこの早暁、一介の連歌師に過ぎない里村紹巴が身の危険も顧みず、弟子数名を伴い近隣の商家から調達した荷輿《にないごし》を担いで、親王御一行の御渡りを援《たす》けるべく駆け参じたのであるからさらに愕きである。

実はこの紹巴と光秀は昵懇《じっこん》の仲である。それだけでない。本能寺の変の三日前に、光秀は中国遠征のための「愛宕参籠」を催し、愛宕権現の本地仏とされる勝軍地蔵に祈願し、かつ「愛宕百韻」と称する有名な連歌を巻いた。里村紹巴も宗匠として列席し、

ときは今あめが下知る五月哉

という光秀の発句を、まるで光秀の謀叛に対するマニフェスト（宣言）紛いに誇張して後刻、秀吉に弁明したという曰く付きの御仁でもある。

●あまりにもタイミングが良すぎる連歌師の登場シーン

さて、本題に立ち返ろう。里村紹巴の行動に関しては、『兼見卿記』に問題の箇所が記載されている。

六月二日、戊子《つちのえね》の条「別本」（部分）

……（誠仁親王が）上ノ御所へ御成、新在家邊ヨリ紹巴荷輿《にないごし》ヲ参セ、御乗輿云々……

誠仁親王がお住まいの下御所（二条御所）に隣接した妙覚寺が突如、謎の軍団に襲撃され右往左往していたときに、里村紹巴が弟子数名と近隣の商家の荷輿を担いで駆け参じて、上御所への親王一家の御渡りを供奉《ぐぶ》申し上げた、というのである。

だが、これは尋常ならざることである。今まさに夜が明けようとしている、しかしまだ夜が明けていない、白んでもいない、まさに寅の刻の一天。こんな早暁にもかかわらず今まさに謎の軍団によって妙覚寺が襲われている。しかもその間隙を縫って、筆・墨をもって連歌を詠じるのを生業《なりわい》としている連歌師の宗匠に過ぎない里村紹巴が、戦闘下の危険も顧みず、あまりにもタイミングよく弟子数名と駆け参じて、とは、まさに謎の軍団と歩調を合わせた「絡繰《からく》り劇」の演出に過ぎないと断言せざるを得ないのである。

（前述の「愛宕百韻」で紹巴は、光秀が謀叛をマニフェストしたという発句を目の当《ま》たりにしている。だから親王御動座に馳せ参じたのだと言われる筋合いもあろうが、紹巴が光秀の発句を目にしたこと自体が『明智軍記』の誤記である。当該部で詳述したい）

では一体全体誰の仕掛けなのであろうか？　あらぬ詮索は不要である。『兼見卿記』の書き手である吉田兼見をおいては誰もおらず、兼見の差し金に他ならないのだ。

兼見は、誰が「本能寺・妙覚寺襲撃」を命じたのかを事前に知っていたのだ。

妙覚寺を襲ったのが擬装軍団であり野武士的汚れ役の精鋭軍団だったから、吉田兼見は誠仁親王に御無礼なく、かつ安全な最低限の御動座を請い願うために、紹巴をわざわざ派遣したのである。

通説通り光秀の謀叛だったら、里村紹巴が粗末な商家の荷輿を慌てて仕立て、畏れ多くも誠仁親王の御動座を願うような、惨めな仕儀にはならなかったはずである。むしろ、光秀側が鄭重《ていちょう》に用意したそれ相応の格式をもって、御動座を供奉したことであろう。

光秀といえば、かつて朝廷や将軍家とも深い関わり合いがあり、有職故実《ゆうそくこじつ》に通暁《つうぎょう》した良識を持った武将である。したがって、いかに非常事態とはいえ、たとえ一時《いっとき》でも自分の乗馬を差し出して、それにお召しいただくような挙にも出たことであろう。

ましてや前述の桐野氏説のように、「信忠を逃がさないため、馬にも駕籠にも乗らず、即刻御所から出るように」などと光秀が言うこと自体、とうていありえないことである。畏れ多くも誠仁親王が先頭に立ち、女御衆《にょうごしゅう》は皆被り物を脱がされて信忠が紛れ込んでいないか首実験をさせられ、かつ下御所から上御所までの一キロ弱をトボトボ歩かさせようとしたからこそ、吉田兼見が思い憚《はばか》って急遽、親しい里村紹巴一行を派遣したのである。

このことから、本能寺の変の実行犯は紛れもなく「光秀軍」ではなく、「精鋭軍団」対策と断言できよう。

それを裏打ちするように、光秀は事変五日後の六月七日、安土城で正式に誠仁親王の勅許を受けて暫時、友好関係が生じ、光秀側から「銀子五百枚献上」、親王側から「征夷大将軍」内示の近接した関係が生じた。しかもその勅使役が、何と、吉田兼見卿その人だったのである（その経緯は次章の『兼見卿記』で述べる）。

さらに、誠仁親王は「明智軍」ならぬ、汚れ役専門の「精鋭軍団」と直面してしまった。だから、後刻四年にわたって誠仁親王は、羽柴秀吉から恫喝《どうかつ》され続け、最終的には悶死へと追いやられるのだ。

●六月二日早朝に決行した避けられない理由

繰り返し申しあげるが、乾坤一擲《けんこんいってき》を賭けた大謀叛劇には、緻密な計画とスピードが必須条件であり、本能寺襲撃・妙覚寺襲撃における時間差攻撃など到底ありえない。少数精鋭部隊による同時襲撃であるはずなのだから。

午前四時の妙覚寺に、突如、弓・鉄炮を前面に仕立てて襲撃を企てた七〜八百の襲撃隊は、一斉に信忠隊に撃ちかかり、堂宇《どうう》に火を放つ。一方、名目だけの信長護衛で鎧も装着せず、一瞬にして仮眠の夢から叩き起こされた信忠隊はただ右往左往、やっと態勢を整えるも束の間、一向二裏の体制を採る襲撃隊に斬り立てられ全員討死し、信忠の遺骸が搬び出されてしまう。

注進に及んだという村井貞勝父子三人の説が事実であったとしても、途上で討たれたことであろう。所詮は事変時に京にいなかったルポライター・太田牛一の創作に過ぎない。本能寺・妙覚寺同時襲撃による瞬時の全員討死については、史料などは一切存在しないのである。

なお、この一大謀叛劇は六月二日の早暁に決行しないと、まったく意味がないのである。同日の夕刻になると信長迎合軍の二番手として筒井順慶軍（約五千兵）が上洛してしまい、折角の「光秀謀叛劇」という虚構の焦点が、大いに呆《ぼ》けてしまうからである。

ちなみに上洛中の筒井軍はこの「日向守様、御謀叛！」の情報に接するや、真偽を確かめるべく途上からいったん引き返すことになった。真偽のわからない直進は危険だからである。ここに「光秀単独謀叛説」が成立してしまったのだ。（『多聞院日記』）

●生き残っていた2人の武将の「その後」

本能寺・妙覚寺同時襲撃によって全員討死と書いたが、実は妙覚寺攻撃に際して、二人が生き残っていた。
・織田源吾《おだげんご》………信長の実弟の長益《ながます》、後に如庵有楽《じょあんうらく》と称する茶道の宗匠。
・水野宗兵衛《みずのそうべえ》……刈谷《かりや》城主・水野忠重《ただしげ》、事件後、豊臣秀吉・徳川家康にも仕える。
三代将軍徳川家光の宿老だった松平忠明《ただあきら》が書いた『當代記《とうだいき》・駿府記《すんぷき》』に、「織田源吾信長弟有楽被ㇾ遁出ㇾける、時人令悪水野宗兵衛刈谷城主、此度は遁て刈谷へ被帰」とある。

織田源吾（長益）は織田信長の実弟でありながら、評判は頗《すこぶ》る芳《かんば》しくない。

妙覚寺攻撃から、からくも遁《のが》れた長益を揶揄《やゆ》って世間の人々は口を揃えて、

「まんだ十三歳の年端《としは》もゆかぬ、信忠様の弟君の御坊《ごぼう》源三郎さまさえ、天晴《あっぱ》れ、城を枕に華々しく討死されとるのに、源吾さまは卑怯未練、命惜しさに一門を見棄てて欠《か》け落ちされた！」と囃《はや》したて、「臆病者」の烙印を捺《お》してしまったのだ。

長益は何とか死地を脱したのだから、武将としての気概さえあればそのまま大坂城（竣工中の旧石山本願寺）に駆け込み、いまだ機能している織田信孝・丹羽長秀軍と合流して、反抗に転ずるべきであったのだ。

さらに、襲撃したのが通説通り「明智軍」ならば、明智光秀の女婿であり、今回の四国遠征軍の副将だった織田信澄を直ちに殺害し、羽柴秀吉軍と提携を取るべきである。

逆に秀吉の手の内の「擬装軍団」ならば早速、信澄を岳父・光秀の許に走らせ、「明智軍」と提携を組むべきである。

信忠隊壊滅の死線を掻《か》い潜ってきた織田長益の指令ならば、中川清秀・高山右近・細川藤孝《ふじたか》・筒井順慶軍なども、信長父子追討軍に躊躇《ちゅうちょ》なく参陣したことだっただろう。

だが、「遁《に》げの源吾」は、ひたすらに遁げ回っていたのである。

かくして事変後長益は、甥の織田信雄《のぶかつ》に仕えて尾張一万三千石。信雄改易後、結局は太

閤秀吉の御伽衆《おとぎしゅう》に成り下がり、千利休から茶の湯を学び、後世には「利休七哲」のひとりに数えられている。

また、関ヶ原の合戦では徳川家康に与《くみ》し、大和三万石。甥の豊臣秀頼を補佐し、大坂方の情報を家康に齎《もたら》して大坂・江戸間を遊泳した。後年は同じ宿命の荒木道薫《あらきどうくん》（村重《むらしげ》）同様、茶の湯三昧に耽《ふけ》った。本能寺の変からの遁走も、所詮は己が生き残るための一過程に過ぎなかったようである。

もうひとりの水野忠重は織田信長に属しており、戦功を挙げ信忠配下。本能寺の変を辛うじて遁れ、刈谷城に帰っている。

ただし『家忠日記』などの併記には、
・六月九日の条＝水惣兵へ殿事、京都にかくれ候て、かいり候由候、
・六月十一日の条＝宗兵衛殿刈屋へ御越し由候、
とあるので、京都にしばらくのあいだ潜伏した後、帰城したらしい。

ところが事変後、織田長益と同じく、織田信雄に仕えるのであるが、本能寺の変生き残りの両人がまったく同じ轍《てつ》を踏むとは奇異そのものである。

信雄改易後は秀吉に属し、天正十五年豊臣姓を賜与され、従五位下和泉守に叙任される。

同十六年、伊勢神戸《かんべ》に移封ののち、文禄三年、本領の刈谷に復し、事故死に至るのだが、残念ながら前述の誠仁親王や里村紹巴のごとき、確固とした痕跡はなさそうである。己の延命のために、秀吉の隠蔽に癒合する輩《やから》であったらしい。

第四章　「秀吉の陰謀」とは何か

●信長の死を当時の人たちはどう受け止めたのか

一九五三年の「クレムリン宮殿」でのこと。ソ連・共産党書記長スターリンの死亡の電話を受けたある政府高官が、「本当に亡くなられたのか？　本当に死んだのか！　もう二度と息を吹き返さないな！」と念を押して、「万歳！　万歳！　万歳！」と連呼したという。本来なら偉大なる指導者の死を悼み、クレムリン宮殿には深い悲しみが漂うのだが、スターリンの死が発表されると、一瞬、宮殿が輝いたという。

『広辞苑』はかく記《しる》す。

「ソ連の政治家スターリン（鋼鉄の意味）は、グルジアのゴリの生れ。神学校に入学後、革命運動に入り、十月革命後は民族人民委員。一九二二年以来共産党書記長。レーニン没後、トロツキー・ブハーリンらを退け、一国社会主義の強行建設を推進。三六年新憲法を制定、三七年には大量粛清を行って個人独裁を樹立。人民委員会議長（首相）として対独抗戦を指導。死後、専制支配をフルシチョフらが批判。（一八七九〜一九五三）」（傍点引用者）

私はソ連政治研究家ではないので、「スターリニズム」の功罪については疎いが、血の大粛清を乗り越えてのスターリン憲法は、さぞや熾烈《しれつ》さを極め、かつフルシチョフ以前の巨大なソ連連邦の構築に大いに寄与したことであろう。こと文化面（音楽面）に関してもストラビンスキーや、ラフマニノフを筆頭に数ある音楽家は海外に逃れ、残ったショスタコビッチは苛酷さを極め、数重なる弾圧の末、「スターリニズム」を礼拝する名曲「オラトリオ・森の歌」の誕生を見るのであるが、今や顧みられていない。

さて、二十年来続けてきた「本能寺の変」研究においても、主役である織田信長の特異な性格の解明に当たる度に、ついつい私はスターリンと重ね合わせてみたくなるのであるが、その実態は奈辺《なへん》にあったのであろうか。

●家臣の誰しもが信長暗殺を望んでいたという可能性

『太閤記』にも、「家臣が信長を恐れることは、言舌に尽くせない」とあり、またイエズス会」の修道士シモン・デ・アルメイダも、「信長についていろいろ見たもののうちで、最も愕いたのは、家臣たちが異常なくらい信長に恐怖していることと、奉仕していることである。たとえば、信長が少し手を振って合図するだけで、家臣たちは目の前の世界が崩壊したかのように、あるいは彼等の前に牡牛でも現れたかのように慌てて退去するが、あまり急ぐので互いにぶつかり合うという有様であった」と報告しているが、これはいささかオーバー表現と取れよう。

信長に四十二回ほど謁見していたという、イエズス会・宣教師フロイスが母国に送った報告書に、信長の為政、知性、性格を的確に捉えている箇所がある。

「信長は、尾張の国の三分の二の主君なる殿（信秀）の第二子で（実は三子）であった。彼は天下を統治し始めた時には三十七歳くらいであったろう。彼は中くらいの背丈で、華奢な体軀であり、髯《ひげ》は少なく甚だ声は快調で、きわめて戦を好み、軍事的修練にいそしみ、名誉心に富み、正義に於いては厳格であった。彼は自らに加えられた侮辱に対しては、懲罰せずにおかなかった。幾つかのことで愛嬌と慈愛を示した。彼の睡眠（時間）は短く、早朝に起床した。貪欲でなく、甚だ決断を秘し、戦術に極めて老練で、非常に性急であり、激昂するが、平素はそうでもない。彼はわずかしか、または殆ど全く家臣の忠言に従わず、一同から極めて畏敬されていた。酒を飲まず、食を節し、（人の）取り扱いには極めて率直で、自らの見解には尊大であった。彼は日本のすべての王侯を軽蔑し、下僚に対するように肩の上から彼らに話した」（『日本史』松田毅一・川崎桃太訳）的確に信長のプロフィールを表現しているし、我々もこの信長像を信じたい。

もしも本能寺の変がなく、したがって信長の暗殺もなく無事に天下統一が達成された暁には、織田幕府の誕生を観ることとなっていたであろう。

主君・織田信長が天下統一を完成し長い戦国時代が終われば、信長の権力が途轍もなく強力な、中央集権国家体制へと自ずと移行する。

かつ、家臣のキャラクターを一つの機能としか見ない信長の徹底した合理主義的政策と、カリスマ的な冷酷さを併せ持つ特異性、つまり「天才と狂気が紙一重」。これは信長の家臣団が等しく抱いた「同一性危機意識《アイデンティティ・クライシス》」であり、「本能寺の変」にあって、誰が真犯人であってもおかしくない状況が構築されていたのではないだろうか？

ヒトラーのアウシュビッツにも見られる殺戮性。ナポレオンの征服欲に加えて貪欲なまでの美術品収集癖（茶器の名物狩り）。アレキサンダー、フビライにも負けず劣らぬ侵略欲。これらをまさに一身に兼ね備えた信長が、日本の覇王となった暁には、日本はいかなる変容をしていたであろうか……。

また、「攻める」から「治める」へと、構造改革も重要な政策となる。こうなると、かっての朝鮮王朝の両班《やんばん》、すなわち「東班・文官」と「西班・武官」のごとく、特権的な階級が輩出していくことになろう。そしてやがては、「文官」が強力な権力を掌握する。この図式からいえば、明智光秀のように武人にして文政面にも優れた人材の重用が信長政権には最重要な課題になることを、秀吉は誰よりもよく知っていたのである。

しかも、今やまさに信長・信忠父子が朝廷の支配を始めようとしている状況において、朝廷・将軍（足利義昭）・信長の間を円滑に取り持っていた光秀が、織田新幕府にとって不可欠な重臣になっていくのは明らかである。

一方、信長の天下統一後、柴田勝家、羽柴秀吉、丹羽長秀、滝川一益などの武官に課せられた使命はいかなるものであったのか。

信長が宣教師フロイスに常に語っていたように、「毛利を平定し、日本六十六カ国の絶対君主になった暁には、一大艦隊を編成してシナを武力で征服し、諸国を自らの子息に分かち与える考えである」という「大陸侵攻政策」が有名だが、合理主義の信長のことだから、まずは中国に近い天川（マカオ）のような箇所に日本国主権による自由貿易都市を建設し、これを足場に唐土（支那）、シャム、天竺《いんど》は言うにおよばず、遥か欧州にまで商船団を派遣するような、壮大な規模の外交構想の実現に向けて動き出したことであろう。

すなわち、織田軍団は天下統一といいながら、戦国時代の終焉《しゅうえん》どころか休む間もなくマカオ半島を始め、朝鮮半島、やがては中国大陸に転戦して、また数多《あまた》の屍《しかばね》を異国の地に晒《さら》すことになっていたであろう。

つまり豊臣秀吉が晩年に実行した朝鮮侵攻も、決して秀吉の独創ではない。あくまでも、信長のダミーだったのである。

「とにかく今こそ、この先危険な信長を討たねばならない！」

これこそが信長家臣団の誰しもが等しく抱いた、潜在的な「同一性危機意識」であったのだ。

●信長の呪縛《じゅばく》を最も恐れていたのは秀吉だった

しかし、織田家譜代の重臣たちである柴田勝家、丹羽長秀、滝川一益がいくら「同一性危機意識」を信長に抱いたとしても、実行に移せるような器量は持ち合わせていない。人一倍、信長の恐慌政治の呪縛を懼れ、かつ出生・歪んだ性格・機知力・独創性・先見性などの環境が整った秀吉にして、初めて信長暗殺の実行に踏み切れたのである。

秀吉には、かつて柴田勝家との確執で戦線離脱をしたために賜死《しし》、すなわち切腹寸前にまで追い込まれた履歴があり、秀吉にとっての信長は、「限りなく恐怖の主君」であった。

そして、何よりも「信長の呪縛」から逃れたい家臣の筆頭だった。

その逆鱗《げきりん》に触れると死を招く、信長への恐怖心。何よりもこの「信長の呪縛」から逃れたい秀吉にしてみれば、信長の「天下統一」の達成が近づくにつれ、その恐怖心がますます臨界点に達してきたはずである。

天正十年五月、織田家各方面軍の闘将たちはそれぞれの任地で最後の仕上げと激戦中で、明智光秀の近畿管領軍のみが、信長が率いる中国遠征軍として待機中（休暇中）である。信長は六月四日、先行滞在中の本能寺から、寄り親の明智光秀軍と寄騎の筒井順慶軍（約一万兵）を従えて出陣の予定であった。すでに明智軍は六月一日洛外に駐屯し、筒井軍は二日の事変当日夕刻の上洛を目指して行軍中であった（『多聞院日記』）。

すなわち、ポッカリと空いた京都の空間に信長父子を巧みに誘い込んで信長父子弑逆《しいぎゃく》の急襲をすれば、信長暗殺という目的達成にくわえて、明智軍をその実行軍に擬せられるのである……それが六月二日の早暁だったのだ。

・五月二十九日　信長がわずかな供廻りで上洛し、天正年代二回目の本能寺泊。
・六月一日　島井宗室との朝茶会。その後、公卿団一行と謁見。
・六月二日　早暁、本能寺・妙覚寺が「秀吉の特殊軍団」に急襲され、一刻後、洛外の光秀軍が急遽駆け付けるも、本能寺内の「御成御殿」は灰燼に帰しており、すでに洛中には「日向守様、御謀叛」の情報が発信されていた。

以上のロケーション下で、この「六月一日〜二日早暁」の京都洛中・洛外は、

・本能寺＝「御成御殿」の織田信長以下、無防備の家臣・六十名が仮眠中。
・妙覚寺＝織田信忠以下約百兵の護衛隊（軍装を解いて）が仮眠中。
・洛　外＝中国遠征軍の光秀軍が桂川東岸に駐留し、二日夕刻合流の筒井軍到着を待つ。

かくしてまさに、「一日夜陰から翌二日早暁」こそが最高の条件を満たすタイムポイントだったのである。

●「特殊軍団」のトップは誰だったのか

さて、では「秀吉の特殊軍団」の正体は何か。

彼らは杉原家次《すぎはらいえつぐ》を隊長とする、弓・鉄炮・長槍を完全装備した秀吉の御身内衆で構成されており、二日午前四時頃、約一千の精鋭部隊（本能寺＝三百兵、妙覚寺＝七百兵）が一斉攻撃をかけ、極めて短時間で全員を殺傷し、信長父子の遺体も収容して完了した。

以上が「秀吉の陰謀」の全貌を解明するにあたっての最大重要ポイントであるが、順次各ポイントを集成して、「秀吉の陰謀」をまとめたい。

●底辺から強《したた》かに這い上がってきた秀吉

貧しい農民の子から身を起こし、幾多の艱難辛苦《かんなんしんく》に立ち向かいつつも持ち前の不撓不屈《ふとうふくつ》の精神力と、天性の優れた知力（悪知恵）を発揮して織田信長の重臣まで這い上がった秀吉。その天真爛漫な笑顔の下に隠されていた仮面の裏の真の貌《かお》とは、いったいどんなものだったのであろうか。

「秀吉の陰謀」を考えるにあたって、秀吉つまり木下藤吉郎の出生の経緯、すなわち秀吉のハングリー精神と非情さを形成したその生い立ちの仮面を剝《は》ぎ取ってみたい。

『太閤素性記《たいこうすじょうき》』では、秀吉は織田信秀《のぶひで》の足軽だった木下弥右衛門《やえもん》と仲《なか》の子とされているが、これは真っ赤な偽りである。

秀吉の母（後の大政所《おおまんどころ》）仲《なか》は、美濃の鍛冶師《かじし》・関兼定《せきのかねさだ》の娘とか、尾張国御器所村《ごきそむら》出身で盆や椀などを造っていた山の民・木地師《きじし》の娘だったともいわれているが、とにかく秀吉は当時の賤民《せんみん》身分の出生であって、少年時代からワタリと呼ばれる技術者集団・蜂須賀小六《はちすかころく》（正勝）らの野武士集団である美濃の国堺の川並衆に関わって成長したらしい。

律令制下の奴婢《ぬひ》に近い下層民で、秀吉はこれ以下は無いという底辺から這い上がってきた、ハングリー精神の横溢な強か者だったのである。

また秀吉は常々、「自分には父がいない」と言っていたが、これは父親と名乗るには足りない賤《いや》しい身分の男だったのか、はたまた完全な父無児《てなしご》、つまりどこの誰やらわからないうちに母・仲が身籠《みごも》って、父の顔すら知らなかったのか。

後年、関白に成った秀吉の非情さが、『河原ノ者・非人・秀吉』（服部英雄《はっとりひでお》）で記されている。すなわち、

「秀吉には、弟・秀長《ひでなが》や、姉（秀次《ひでつぐ》の母）や、妹（旭姫《あさひひめ》）以外にも弟妹がいたが、名乗り出た彼等の首は、冷酷で残忍にも斬られた。すでに関白に成り上がった自分の出生の賤しさと、母の（男関係の）恥部を消すために犠牲になった」という、非常に冷酷な性格を持った男でもあったのだ。

なお、前述のワタリとは、仕事を求めて渡り歩く漂泊の技術者集団のことで、鍛冶師、鋳物《いもの》師、木地師、金掘りなどを生業とした。当時から秀吉はこういったネットワークを通していろいろな情報を持っていたわけだ。

これらの狭間《はざま》にあって、あたら特異な才能を埋没させてしまうような秀吉ではなかったのである。

●能力至上主義の信長だからこそ秀吉は自分の主君に選んだ

武士を志し、一国一城の主《あるじ》となる夢を抱いた秀吉は、今川義元の家臣で遠州浜松の頭《ず》陀《だ》寺《じ》城主・松下加兵衛の許に武家奉公をする。

しかし、門閥《もんばつ》もなく素性の賤しい身としては、所詮、うだつが挙がるものではなくただ悲惨な思いをしたのであろう。

やがてそこを飛び出した秀吉は、つらつら考えを練らざるを得ない。自分みたいに門閥に一切無縁で賤民出自の者にとっては、足軽から努力次第で侍大将ぐらいまでならなれようもののその御先は真っ暗である。

かくしてやっと、織田信長なる武将を捜し出したのである。

天下に武将は数多《あまた》いるが、織田信長という、門閥に一切囚われない能力至上主義のこの御大将の許ならば、努力次第で俺の能力を高く買ってくれるだろう、とにかくこやつに俺の一国一城の夢を、否、天下盗りの夢を託して、こやつの獅子身中の虫、いや寄生虫になってやろうとの野望を抱いて、信長の足軽になったのである。

秀吉は、信長に仕官する時点ですでに信長の器量を認め、この御大将はいずれ天下に号令をかけるかもしれぬ、もしその隙あらば自分も天下のおこぼれに与《あずか》ろうという野望も、その視野に入れていたのではなかろうか。木下藤吉郎こと秀吉の出自、置かれた環境、経歴を検証するとこう推測せざるを得ないのである。

「猿！　猿！」と呼ばれ酷使されるものの、秀吉は、それこそ一所懸命（信長懸命）、ただただ信長に認められんがため必死に信長に仕えて、ひたむきにその機会を窺《うかが》う。

信長の美濃攻めの時、重臣・佐久間信盛、柴田勝家の猛将たちが失敗した「墨俣《すのまた》の一夜城」を、川並衆の野武士集団やワタリの技術者集団のネットワークを駆使してものの見事に成功させ、その恐るべき技術力を信長にまざまざと認めさせたのは、そのほんの一例である。

一方、信長の思考力も極めて、合理的で能力至上主義一辺倒であった。つまり信長は、武将の個々のキャラクターを一つの機能と見做《みな》していた。信長の意思に即した判断力と実行力があればそれで十分だし、ましてその出自、門閥など一切問わない。また性格や良からぬ履歴が多少あろうとも、今、信長に意志に基づいて一所懸命に働いてくれる臣下であればこよなく重用するのである。

すなわち、秀吉は信長にしか仕えられなかったし、信長だからこそ秀吉を使ったのだ。裏を返せば、信長が秀吉を選んだのではなく、秀吉が信長を選んだのである。

●信長の獅子身中の虫だった秀吉

秀吉がその天下盗りのために信長の「獅子身中の虫」、否、「寄生虫」たらんとしたことを前述した。寄生虫とは他の生物に寄生し、その生物から養分を吸収して成長する虫のことであるが、ある種の寄生虫は、その対象の生物の中に卵として産み込まれ、やがて孵化《ふか》するとその生物の中にあって、当初はその生物の生存に差し支えない部分から喰べ始め、心臓などの中枢機能は最後まで喰べ残して成長を続けて行くのである。

かくして天正十年五月末に、この寄生虫は、信長の最後の中枢機能を喰べ尽くすまでに至ったのだ。

だが秀吉自身にとっても、「天下盗り」のみが合目的なテーゼではない。

この機会を逸すると、秀吉がもっとも懼れた「信長の呪縛」から脱する機会が遠のくのであって、まずなによりもその恐怖心を払拭《ふっしょく》したかったのであろう。

そして信長父子さえ斃《たお》せば天下は動乱し、その行く末が混沌として思わぬところから天下が転がり込んでくるかもしれない。

しかし、秀吉が率先していわゆる「先の先」で事に当たってはまずい。いかに「後の先」で有利に当たれるかである。

そこで前述の通り、天正十年六月二日早暁、桂川東岸に駐屯中の明智軍に「信長謀殺」の冤罪を負わせることにした。これすなわち、「秀吉の陰謀」である。

●緻密に練り上げられた秀吉の陰謀

幸い秀吉には、竹中半兵衛、黒田官兵衛という股肱《ここう》の名軍師がいた（半兵衛は中途で病死するが）。また取り巻き連には、武将の細川藤孝、公卿の吉田兼見、連歌師の里村紹巴、茶人の千宗易等々、錚々《そうそう》たるお歴々が控えている。そのような優秀なスタッフによって緻《ち》密《みつ》に練り上げられた「秀吉の陰謀」には狂いがなく、ほぼ完璧であった。

そもそも歴史とは流れであり、一つの歴史的事象を充分に踏まえて、それを長いスパーンで解明していかねばならない。歴史事象の長いスパーンにおける摩訶不思議な起承転結を厳しく見極めていくと、秀吉を取り巻くこれらのお歴々の流れの中にも、それぞれの任務遂行過程の点から線、もしくは非連続の連続、つまり深く関わり合った因果応報が不可思議に露呈してくるのである。

稀代の軍監・黒田官兵衛を総合演出者に据え、「楢柴肩衝」をモチーフにした千宗易の手引きで、信長を本能寺に誘き寄せ、明智軍を騙《かた》る「秀吉・陰謀軍」が信長父子を弑逆《しいぎゃく》して、その遺骸も搬び出し、「日向守様、御謀叛」を前面に立てて、光秀麾下《きか》の武将を調略して自軍に参陣させ、光秀の盟友、細川藤孝父子及び筒井順慶をも中立に追い込む。

そして、織田信孝を総大将に据えて「信長の弔合戦」をし、秀吉の忠臣ぶりを喧伝《けんでん》する。さらに、伊賀越の徳川家康をも斃《たお》して、信長・光秀・家康と一気にトリプルプレーも狙うが、結果的には家康のみが生きて塁上に残ることになる。

かくして、点から線に繋がる水際立った変幻自在の巧妙なトリックで、「初めに光秀の謀叛ありき」の「本能寺の変」が歴史的固定観念として確立するのである。

そもそも歴史とは流れであり、と前述したが、天下人になった秀吉はやがて智略優れた黒田官兵衛に対して恐怖心を抱いて、彼を次第に遠ざけ、千利休（宗易）とは束の間の共栄を保つが、矜持心が強い利休ともやがて確執が生じた。

かくして秀吉の「御茶湯御政道」にも翳りが見え始め、それがいつしか修復しがたい両者の心の乖離《かいり》となって、「賜死《しし》」という破局を迎えるのである。

さらなる「実証」で、「秀吉の陰謀」の論考を推し進めてみたい。

●信長に勝《まさ》るとも劣らない秀吉の殺戮性《さつりくせい》

「第六天の魔王」と異名をとった織田信長の殺戮性は、つとに有名である。

だが信長の根底には、信賞必罰の概念があった。坊主憎けりゃ袈裟まで憎いの類であろう。たとえば、荒木村重の一族虐殺事件には当然、信長に対する村重の謀叛の非があったのだ。比叡山延暦寺の焼き討ちも、延暦寺が朝倉・浅井軍に味方した。信長は延暦寺に対して「自分に忠節を誓うか、中立を守るかにせよ」と要求したが、延暦寺がこれを無視したがために、ついに焼き討ちを命じたのである。

元亀六年、信長は、京都から岐阜に帰城する山中で雑賀衆《さいか》の杉谷善住房《すぎたにぜんじゅぼう》に狙撃されたが幸い弾がそれてこと無きを得た。後年、善住房は捕らえられ、身体を土中に埋められて首だけを出され、竹鋸《たけのこぎり》で何人もに廻し斬りされ処刑されたのである。

ところが秀吉の殺戮は、信長よりさらに陰惨である。

そのことは前述の服部英雄氏記述の、弟妹の虐殺でも充分に窺《うかが》い知れるのだが、他にもこんな事例がある。

ある側室が病を患い、大坂城を立ち去った。黄金を一枚与えられたので女は慰労金と考えたのであろう。やがて病も癒えてある僧侶のもとに嫁ぎ、一年後に子を為《な》したのだが、それを知った秀吉は、もと側室と亭主は竹鋸で、子と乳母は煮殺しという極刑で、斬殺している。己に子が為せずにいたのに、子を為した悔しさであろうか。

また、この事例は大坂城を訪れた大友宗麟が愕いたごとく、城内の御奥に多くの妻妾を持ちながら、秀吉に男性としての機能が働かぬことをいみじくも実証したことになる。秀吉は「無精子症」と言われており、かつての側室の三人が秀吉の死後再嫁して子に恵まれている。

これを受けて服部英雄氏は、「鶴松・秀頼は、非配偶者間受精児説」を主唱している。側室茶々《ちゃちゃ》（淀殿《よどどの》）の秀頼受胎が想定される時期に、秀吉は朝鮮出兵の基地・名護屋《なごや》（佐賀県唐津市）に滞在中であった。一方、茶々の周辺では「子授け祈禱」が行われたが、茶々懐妊の真相を知った秀吉は激怒し、城中の大勢の女房と僧（唱門師《しょうもじ》）三十人以上が処刑されたと伝えられている。

ではなぜ秀吉は茶々を赦《ゆる》し、秀頼を子として認めたのか。

服部氏は「茶々はかつての主君・織田信長の姪。織田家の覇権を簒奪した秀吉にとって、自らを正当化するためにも、茶々が子を産むことが望ましかったからである」という。

秀吉の合戦には、足軽を消耗する作戦をなるべく避け、大費用を投下する兵糧攻めや、水攻めなど大工事型が多いのだが、そこには陰惨な非情さが伴うのである。

つとに有名な凄惨《せいさん》・残酷な秀吉の合戦として、

○上月城・皆殺し作戦（天正八年）
城兵ほか、籠城の女子・子供二百人皆殺し。子供は串刺し、女子は磔《はりつけ》。

○三木城・皆殺し作戦（天正八年）
城主・別所長治《べつしょながはる》が、長期兵糧攻めのため飢えに苦しむ城兵の助命嘆願の切腹をするも、結果は右に同じ。

○因幡《いなば》・鳥取城の惨劇（天正八年）
世にいう凄惨な鳥取城干殺《ひごろ》し作戦。まさに極限に達した将兵間で人肉を喰《は》む、阿《あ》鼻叫《びきょう》喚《かん》の地獄絵さながら。


また、合戦ではないが秀次《ひでつぐ》一族の惨殺（文禄四年）も有名である。

謀叛の嫌疑をかけられた秀次は、蟄居《ちっきょ》中の高野山で自害。その首は三条河原に送られ、鹿垣《しがき》を築くとその首を西向きに据え置き、刑場に曳かれた秀次の妻子たちに拝ませると、おおむね二〜三十人の妻子をむごたらしくも処刑。息女はまだ十三歳の幼気《いたいけ》で、その処刑シーンを書くことが憚《はばか》れるほどの惨状であったが、処刑を奉行した石田三成は、それを公然と見届けたという。また遺骸は手厚く葬られることなく、そのまま三条河原に埋められ、「畜生塚《ちくしょうづか》」と呼ばれたが、後年、角倉了以《すみのくらりょうい》が瑞泉寺《ずいせんじ》を開き埋葬している。

これらが「太閤さん」と多くの人から親しまれている、あの好々爺《こうこうや》の仮面の裏の陰惨な貌《かお》なのである。

●秀吉から信長に送った「早馬」が発端だった

信長に送った「秀吉の早馬」が、実は本能寺の変の真相に迫る重要な証拠なのだが、まず、通史における概略を列記してみよう。

三月十五日、秀吉率いる中国方面軍が、二万五千余の大軍で中国攻めを開始する。四月十五日に備中入りをした秀吉軍は、「境目七城《さかいめ》」のうち、冠《かんむり》山城・宮津《みやつやま》山城を陥《おと》し、五月の初めに高松城を囲み、折から梅雨で水嵩《みずかさ》の増す足守川《あしもりかわ》を堰《せ》き止め、総長三キロにわたる厖大な築堤をして水を注ぎ込み、高松城を浮城にして兵糧攻めをする。時を移さず毛利三軍が、総勢五万の兵を率いて高松城救援のため着陣する。

大軍の来襲に愕いた秀吉が五月十七日に信長に早馬を送り、信長の来援を要請する。

信長も「天下統一」達成の好機到来と出陣を決め上洛し、六月四日京都本能寺を出立する旨、六月一日、拝謁の公卿衆の前で公言する。

秀吉は、「高松城は秀吉一人で攻め陥とせるのに、水攻めをしながら日数を要したのは、信長に速やかに大功を建てると忌《い》み妬《ねた》む心があるのを察してのこと」（『常山紀談《じょうざんきだん》』）という次第か、じいっと信長の到着を待ちながら、毛利三軍と一戦も交えることなく、とにかく奇怪な対峙《たいじ》が続いた。

ところが、六月二日早暁、明智光秀率いる一万三千の兵が本能寺を急襲して織田信長を、妙覚寺で護衛中の織田信忠隊ともども、同時に弑逆してしまった。

いち早く凶変を知った秀吉は、詳細が漏れる前に毛利方と講和を結び、逆賊・明智光秀軍を追討すべく、世にいう「奇跡の中国大返し」を敢行して、山崎の合戦で明智軍を壊滅させた。

……以上が、世に紛れもない通史として罷り通ってきた、歴史的事実である。

●毛利の軍勢を誇張してまで信長に援軍を要請したのはなぜか

前述の通り、秀吉が信長に来援を請う早馬を送ったのは五月十七日。時あたかも徳川家康が安土城を訪れ饗宴中で、早速、饗宴役を堀久太郎に換え、

「この度このように敵と間近く接したのは、天の与えたよい機会であるから、みずから出兵して、中国の有力な大名どもを討ち果たし、九州まで一気に平定してしまおう」と、光秀に同道を命令しているのである（『信長公記』）。

一方、毛利軍が陸続と備中入りをしたのが五月二十〜二十二日にかけてである。十七日に早馬を送るということは、秀吉は高松城救援のための毛利軍がすべて着陣していないうちから、「毛利軍が五万計《ばか》りの大軍で……」と、軍勢を誇張して信長を謀《はか》っていたのだ。

もう一つ、不思議な現象がある。毛利軍勢の数である。毛利軍の実情は、九州の大友氏、伯耆《ほうき》の南条氏への牽制のため、せいぜい一万有余の兵しか割《さ》けなかったはずである。つまり、「五万の大軍」というのは秀吉の誇張である。

一方の織田軍といえば、現状の秀吉軍の二万五千余の兵に、信長率いる二万五千余の兵を伴って出陣できる態勢である。ここにこそ、秀吉の企みの実態が隠されている。

信長を亡き者にしたいと考えていた秀吉にしてみれば、信長に何とかして安土城の外に出てもらいたい。城内より、城外の方が殺害しやすいのは自明である。

そのきっかけとして、水攻めをしている高松城への援軍を要請して信長を呼び寄せるというのが格好の撒《ま》き餌《え》だったのである。

しかも、信長に援軍を要請しておきながら、秀吉が同時に毛利軍と五カ国割譲《かつじょう》の講和折衝をしている現実を知ったならば、信長の心情たるや、いかばかりのものであったことであろうか。

信長にしてみれば、秀吉救援のために中国攻めに向かおう、その途中で本能寺に寄り、かねてから目をつけていた「楢柴肩衝」を手に入れよう、ちょうどうまくいく、と計算していたことであろう。

しかし、全ては秀吉の恐ろしいまでに考えられた計略にすぎなかった。信長は、それに見事に嵌《は》められてしまったのだ。

信長の誤算、全てを失ってしまった誤算である。

●秀吉には「信長は中国に来られない」ことがわかっていた?

この年の三月、信長は宿敵・武田家を討ち、武田勝頼の首を京に晒《さら》している。その首の受け取りは京都の茶人・長谷川宗仁であり、すでに「本能寺茶会」で登場している。

同様に信長の今回の中国遠征の目的は、毛利輝元、吉川元春、小早川隆景の首を京に晒すことであって、毛利家との講和を結ぶことではない。だから秀吉の講和への行動は明らかに軍律違反であって、信長に知れれば秀吉の首も飛びかねない。

だが秀吉にとっては、信長はもう中国には来られない、もっと具体的に言うならば京都の某所で明智なる者に討たれてこの高松には来られない、ということを知っているがごとくの振る舞いである。

六月二日に「信長謀殺」が予定どおり実行されれば、三日の夜半から信長の死を伏せて毛利軍との講和の最終折衝を詰め、四日には高松城主を切腹させ、そして講和の締結を急がねばならない。これは時間との戦いである。少しでも時間が欲しい。

だからこそ秀吉は、信長の死の前からまるでその死がわかっていたかのように、講和のために動いていたのだ。

五カ国割譲案を見てみよう。

毛利方案は、
一、備中・備後・美作《みまさか》・因幡《いなば》・伯耆《ほうき》を譲渡する。
一、織田方は、高松城の全兵士を保全する。
一方、秀吉方案は、
一、備中・備後・美作・伯耆・出雲《いずも》を譲渡する。
一、全将兵は保全するが、城主・清水宗治は切腹の事。

これが信長凶変後は、

一、因幡・美作と伯耆半国、備中は足守川以東の譲渡。

一、清水宗治の切腹。

と変わる。

毛利軍の折角の救援も、折からの悪天候や秀吉軍の立地条件に適《かな》った万全の備えなどに阻《はば》まれていかんともしがたく、なおかつ時を移さず近々、明智光秀率いる近畿管領軍の精鋭が信長ともども到来するのだ、と毛利輝元・吉川元春は思っていた。

そこで毛利軍は五カ国割譲の講和を決意して毛利方案となるのだが、秀吉は、因幡は先の鳥取城攻めですでに手に入れているとして、出雲と清水宗治の切腹を秀吉方案として逆提案していたのである。

実はこの講和自体が、羽柴秀吉と小早川隆景との合意の下に作成されたものであり、毛利輝元と吉川元春を説得するため以外の何物でもなくなっていたのだ。

ここで、今しばらく時間を遡《さかのぼ》ってみたい。

●毛利家存亡の危機に直面した小早川隆景が選択した不可解な行動

自然災害によって浮城の状態に晒され、かつ秀吉によって完全に包囲され、糧道も断たれた高松城主・清水宗治は、主家である毛利家に援軍を請うた。

その忠臣の請いに応じて毛利三軍は、「風林火山」の譬《たと》えではないが、「疾《はや》きこと風の如く」来援に馳せ参じ、高松城兵を欣喜《きんき》雀躍《じやくやく》させた。毛利輝元軍は高松城の西二十キロほどの猿掛《さるかけ》山に、吉川元春・小早川隆景軍は城の南西の岩崎日差《ひさし》山に陣を張った。ところがその後、秀吉軍と毛利軍の両軍は「動かざること山に如く」四つにがっぷり組み合ったまま、否、未だ立ち上がっておらず、行司に促されて仕切り線に蹲踞《そんきよ》したまま一向に立ち合う気配もないのだ。結局は約十日間も仕切ったままずっと睨《にら》み合って「本能寺の変」を迎えることになったのである。

さらにもう一つ、不可思議な現象があると前述した。すなわち、毛利軍には五万の軍隊を出せない内部事情があるのだ。

だがこれはおかしい。信長にとっての今回の西国征伐は毛利軍との講和が目的ではなく、毛利軍三将の首を京に晒すことである。つまり今、毛利軍が直面しているのは、まさに毛利家存亡に関わる最大の危機なのだ。九州や伯耆のことはほったらかしにしてでも、形振《なりふ》り構わず乾坤一擲《けんこんいってき》、同じ五万くらいの兵力を賭《と》して総力戦で臨むべきであるのに、たかだか一万有余の援軍で睨み合いごっこをしてお茶を濁す。ここにこそ、大いなる仕掛けが内包されていると考えざるを得ないのである。

つまり秀吉は秀吉で、何か異変を予期しているかのごとくじっと待っている。一方、小早川隆景も、主戦に走らんとする兄・吉川元春を必死に牽制しながら、毛利家の安堵を賭けてこれまた動かないでいる。とにかく備中高松で両軍が一戦も交えず、ただじっと、何かを待っていたのである。

これはさながら、信長はもう高松攻めに来ない。否、来られないがごとくである。そのうち京都の某所で明智光秀の謀叛に遭い、二度と立ち上がれなくなることを秀吉はもちろん、小早川隆景もあらかじめ知っていたと勘繰られてもいたし方ないのである。

つまりここからも、本能寺の変が光秀の謀叛でなく、秀吉が仕掛けた謀叛でしかないことが明らかになるのである。

ここまでが羽柴秀吉と小早川隆景に関わる不可思議な事象の概略だが、ここに至るまでの経緯を簡単に振り返ってみたい。

●羽柴秀吉と小早川隆景の出会い

永禄十一年（一五六八）、織田信長が足利義昭を奉戴《ほうたい》して上洛すると、小早川隆景が毛利方の代表として信長と折衝を始め、すでにその使者も交換している。

そして翌十二年、その小早川隆景を介して正式な交渉が始まり、木下藤吉郎秀吉が織田方の「申次《もうしつぎ》」（外交官）として抜擢され、

「信長別して申され候条、愈々、向後御隔心無く仰せ談ぜられるべき事肝要に候、我らの事、若輩ながら相応の儀示し頂け、疎意あるべからず候」

（信長が格別に申すには、今後両国が隔心無く外交する事が肝要で、私も若輩ながら努力に相務める所存で疎意ありません。今後とも良しなに）

という挨拶文と馬一疋《いちぴき》を隆景に贈っている。

さらに安国寺恵瓊《あんこくじえけい》も毛利方の使者（外交僧）として登場し、当初織田方は木下藤吉郎秀吉（使僧は朝山日乗《あさやまにちじょう》）、毛利方は小早川隆景（安国寺恵瓊）という次第で進捗《しんちょく》していったわけである。

つまり、秀吉はここで後年、己の運命を大きく左右する得がたき人物で、文字通り毛利

家の屋台骨を大きく支える逸材である小早川隆景と出会ったわけである。そしてその後、時を追うにつれて抜き差しならぬ関係が構築されていくことになる。

一方、安国寺恵瓊と秀吉の交流も、徐々にその密度を深めていくことになる。恵瓊は織田方の朝山日乗と同じように毛利方の使僧であり、かつ隆景のブレインでもあった。

安国寺恵瓊は天正元年（一五七三）信長に謁見している。信長の本質に触れて、あたかも十年先の「本能寺の変」を見透かすかのごとき予測とともに、藤吉郎（秀吉）が天下人になり得る抜きん出た器量人であると、吉川元春の家臣・山県《やまがた》越前守と小早川隆景の家臣・井上春忠に宛てた、恵瓊の炯眼《けいがん》尋常ならざる有名な書簡がある。

「信長の代五年三年者可被候、明年辺者公家などに可被成候かと見申候、左候て後、高ころびにあをのけにころばれ候ずると見え申候、藤吉郎さりとてはの者にて候……」

この手紙を私訳すると、「将軍の使い様（傀儡《かいらい》政権）や、またその政策ポリシーの強烈さ。やがては天下を取れるかに見えるが、やはり本質的には天下人として万人から認められる器《うつわ》ではない。そしてただ異形に映る印象。やがては公卿にも列していこうが、信長の天下取りへのプロセスには、異形異体の悍《おぞ》ましさがある。この信長では天下が治《おさ》まらない。またあの性格では、やがて大きな反動が出てきて、信長は大きく仰向《あおむ》けに仰《の》け反《ぞ》り込むであろう（高ころびにあをのけにころばれ候）。信長はどでかいことも遣《や》り遂げもしようが、またどえらい事態にも遭遇しよう。つまり畳の上では死ねない男だ。一方、藤吉郎は中々の利《き》け者（腕利き）だ！　その藤吉郎が天下を望めば非常に面白い存在だ！　いや狙える器量を持った男だと思う」

その炯眼たるや、尋常ならざるものがあると瞠目《どうもく》せざるを得ない。恵瓊の見立て通り、秀吉は天下をも望んでいた節《ふし》があったのであろう。

ちなみに信長は、天正二年（一五七四）に従三位参議に叙任され公卿に列する。天正三年、従三位権大納言に昇り右近衛大将《うこんえのたいしょう》を兼任する。天正四年に正二位内大臣に昇進。天正五年に従二位右大臣に進み、天正六年に正二位右大臣に昇り、右近衛大将を同様に兼任するが、同年四月に突如、両官位を朝廷に返上する。

以降、一切の官位を辞して「本能寺の変」まで前右府《さきのうふ》と呼称されるのである。そして天正十年六月二日、本能寺において恵瓊の予言通り信長は、「高ころびにあおのけにころばれ候」という事態になったのである。

かくして秀吉・隆景ラインが固まり、これまた黒田官兵衛（秀吉の参謀）、安国寺恵瓊（隆景の参謀）という名にし負う鬼謀と謳われた名脇役たちが、文字通りその脇を固めていったのである。

もちろん、表向きは天正四年と六年、摂津木津川口で本願寺と絡んだシーレーンを争う織田軍と毛利軍との激突はあったが、これは決して秀吉対隆景との戦いではなかったのである。

●毛利一族の不一致が秀吉には有利に動いた

信長が毛利家を潰《つぶ》しにかかっているのは自明である。そこでなんとか毛利家の安泰をはかるために、隆景としても血気にはやる兄・吉川元春を牽制しつつ秀吉と協調し行くしか道はなかった。

父・毛利元就《もとなり》の遺訓を守る隆景の、「決して天下を望まず」「毛利の二字、末代までの安堵」を主題とする政策ポリシーにも、「内憂外患」の譬え通り「内憂」の問題を抱えていたのである。すなわち毛利一族は、傍《はた》で見るほど一枚岩でもなかったのだ。

特に吉川元春は、毛利家の使僧・安国寺恵瓊と折り合いが悪く、「毛利家の獅子身中の虫」とか「売僧《まいす》」と、恵瓊を罵《ののし》っていた。いわゆる「剛の元春・智の隆景」といわれ、また寒中に咲く梅花に譬えられる元春と、春風たなびく楊柳《ようりゅう》に譬えられた隆景とでは、人物本来の性格にもよるが、その置かれた環境にも大いに違いを来《きた》したことであろう。

安芸《あき》の北部から岩見にかけて伝統的な勢力を養っていた吉川家を継いだ元春は、主に山陰方面の剛直な国衆を配下に持っていたが、一方、安芸の東南部瀬戸内の島々にかけて発展していた小早川家を継いだ隆景は、毛利氏の山陽方面を担っていた海賊衆を駆使してその配下にいたのだ。

前述した高松城水攻めの講和が成立する直前まで、元春は強く決戦を主張していたが、隆景はそれを必死に牽制し、恵瓊ともども、積極的に秀吉との講和成立へと事を運んだわけである。

『陰徳太平記《いんとくたいへいき》』には、

「元春からは、隆景の態度があまりにも思慮深過ぎる消極策だと詰《なじ》られたが、隆景に言わせれば、元春はともすれば『すぐ叶わずは討死するまでよ』とか『このところは退くまい、あのところは押し入らん』などと、まるで三百~五百の小部隊の侍大将のようなことばかり言う。大敵の秀吉と矛先を争うのにどうしてそのような勇一途《いさみいちず》の短慮で勝つことが出来ようかと批評していた」と記されているのだ。

●秀吉と小早川隆景の水面下の合意

小早川隆景にとっては、天下を望み、かつ自分たちの首も晒したいと思っている信長と、同じく天下を望むが、毛利の捨て身の協力で「毛利の二字」を末代までも安堵してくれそうな秀吉との、まさに二者択一の問題である。そしてすでに、秀吉との間では合意に達していたのである。だが、ここで一つの問題が提起されていた。

実は清水宗治の切腹に関して、毛利輝元が猛反対していたのだ。

清水宗治は、毛利家にとって外様《とざま》の家臣で毛利家臣従の歴史は浅かったが、秀吉が高松城攻めに入る前に黒田官兵衛、蜂須賀小六を宗治の許に遣わしたことがあった。備中・備後という高禄をもって誘降を試みたが、宗治に「武士には二心《ふたごころ》は御座らぬ」と一蹴された経緯があった。輝元は、かかる忠節の士をおめおめ切腹させては、毛利家の名が廃《すた》れると大いに逡巡《しゅんじゅん》し、割譲案が行き詰まっていたのである。

そうこうするうちに、「信長謀殺」が秀吉の予定通りに侵攻した時点で、秀吉＝隆景の命を帯びた恵瓊が単身で清水宗治に会い、

「織田側の講和の条々には、『五カ国割譲と高松城主の切腹』が明記されており、御貴殿のご決断で毛利家存亡の危機が救われる」と言葉巧みに説得したのであろう。宗治もまた、「予《かね》てより死は覚悟の上である。自分の一命によって主家を安泰に、かつ部下五千の命を救うことができれば、武士としてこの上もない本望である」、自刃を承諾したのだ。

かくしてかの有名な衆人環視の下、船上での切腹となり、その後すぐ恵瓊が、

「一死を以て、主家及び城中の者の生命に代わりたい」という宗治の遺書を携えて輝元に会い、やっと説得して、（信長の意向とは一切関係のない）最終的な講和が、秀吉対毛利家で締結されたのである。

『江系譜』によれば、

是に由り、和平成就也（清水宗治が切腹した事）。因幡・美作一国と伯耆半国、備中は、足守川以東の譲渡。起請文之事（以下、現代語訳）。

一、公儀（信長）に対せられ、毛利側の道理を、私（秀吉）が納得致しましたので、今後は少しも毛利家を疎《おろそ》かに思う事はありません。

一、申すまでもなく、毛利輝元・吉川元春・小早川隆景の事は、決して粗略には扱いません。私の職務にかけて、見放すことは致しません。

一、このように申し上げた以上、噓偽《うそいつわ》りや、租税をごまかすことは決してありません。右の事柄にもし偽りがあったならば、日本国中の大小の神々、ことに八幡大菩薩、京都愛宕神社（中略）の神罰を深く厚く身に受けるでしょう。よって起請文はこの通りです。

天正十年六月四日　　　羽柴筑前守秀吉（血判）

毛利右馬頭《うまのかみ》（輝元）殿
吉川駿河守《するがのかみ》（元春）殿
小早川左衛門佐《さえもんのすけ》（隆景）殿

かくして起請文は、無事に取り交わされたのである。表向きは織田家対毛利家との起請文であるようだが、第二条の条文は紛れもなく羽柴秀吉の、対毛利家（毛利輝元・吉川元春・小早川隆景）に対する身の保全そのものである。またその当然の帰結として、後日の豊臣政権下では、毛利六万石であった小早川隆景が六十三万石になって豊臣家五大老に列し、文禄《ぶんろく》の役《えき》では朝鮮攻めの総司令官になっている。

毛利輝元も安芸・周防《すおう》・岩見など百二十万石が安堵され、これまた豊臣家の五大老に列するのである。さらに僧侶の身でありながら安国寺恵瓊も六万石の大名に出世をし、秀吉の側近中の側近となり、文禄の役では軍《いくさ》奉行として活躍をする。

以上がこの秀吉の高松城攻めで、毛利家の安堵を賭けて秀吉方に与《くみ》した小早川隆景・安国寺恵瓊（毛利輝元）への論功行賞であったのだ。

ただし勇一途《いさみいちず》で秀吉嫌いの吉川元春は、秀吉が天下を盗るやその配下になることを拒《こば》んで、家督を長男の元長《もとなが》に譲って隠棲する。しかし、天正十四年（一五八六）に輝元の要請を受けて九州に出陣中、あわれにも小倉《こくら》で病没したのである。

後年、小早川隆景が、「毛利家が今日のように安泰なのは、兄上（元春）と私が高松での講和を固く守って、太閤殿下の御恵みに与ったお陰だ！」と、ぬけぬけと嘯《うそぶ》くのだが、その頃元春は草場の陰で切歯扼腕《せっしやくわん》、きっと悔し涙に暮れていたことであろう。

●本能寺の変を知った吉川元春と小早川隆景の間の「茶番劇」

この起請文を取り交わした後、わずか半日ないし一日の差で「本能寺の変」を毛利家は知ることとなるのである。

ただし、ここで知ったとは、あくまでも毛利輝元と吉川元春であることは、今さら言うまでもないことであろう。小早川隆景は講和の交渉の段階ですでに秀吉と、毛利家の安堵を賭けての協力をしていたのであり、間もなく始まる、「奇跡の中国大返し」なる絡繰《からく》り劇の大きな後ろ盾になっていたのである。

かくしてここで初めて事変を知った元春と、すでに知っていた隆景の間で茶番劇が繰り広げられるのである。

「我等、謀られたり！　さあ馬を乗り殺すのはこの時ぞ！　全速力で追いかけよう！」

と、全軍に秀吉軍追撃の檄《げき》を飛ばす吉川元春。

「誓紙の血が乾かないのに、これを破るは不義であり、信長の喪に乗ずるは不義なり！　父元就公死去の折、誓書を以て輝元擁立を我等に約束させた。誓書こそ事の基本である。それに父は、天下を望んではならないと仰せられたではないか！」

と、それを強く押と止める小早川隆景。

一部はあの俗書として有名な『川角太閤記』にもある、非常に出過ぎた挿話だから信《しん》憑性《ぴょうせい》にはやや欠けようが、驚天動地の大事変がまさに勃発していたのに、それをひたすらに隠して堂々と「織田家対毛利家の講和」を締結し、颯爽と光秀軍追討の軍を京に引き返す秀吉の神業、否、この軽業に、元春の怒髪冠を衝くのは無理からぬことであろう。

しかし、それを必死に牽制する隆景には、はっきりと「秀吉の陰謀」に加担している証左が丸見えである。

主戦論に走る兄・元春を必死に牽制しながら、ただひたすらに毛利家の安堵のみを希求する隆景。秀吉と隆景の密謀劇は、十日間にわたる不可解な睨み合いの末、破格で暫定的な講和の帰結と、輝元が猛反対する高松城主の切腹、そして秀吉軍の世に言う「奇跡の中国大返し」を前にして、第一幕は終わったのである。

第五章「秀吉の陰謀」はいかにして展開していったか

●中国大返しは苛酷すぎる「箱根駅伝」である

かくして世に言う「奇跡の中国大返し」が始まるわけであるが、この秀吉軍の見事な引き上げについて、『歴史読本』所載・藤本光《ふじもとみつる》氏の「疾風怒濤《しっぷうどとう》・秀吉東上の経路」から、一般的と思われるその行程表を引用すると、以下のようになる。

「六月」	天候	
二日	曇り	備中高松城水攻め交戦中。
三日	大雨	夜、凶変至り、深夜に和議成立。
四日		高松城主・清水宗治自刃。起請文調印。（夕刻毛利軍も情報入手）
五日	大雨	高松在陣。

六日　　　高松発－沼着《ぬま》。（二十キロ）
七日　大雨　沼発－（吉井川渡河）姫路着《ひめじ》。（八十キロ）
八日　　　姫路滞陣。
九日　大雨　姫路発－（夜半）兵庫着。（四十キロ）
十日　　　兵庫発－尼崎《あまがさき》に進出。（四十キロ）
十一日　雨　尼崎発－摂津富田《せっつとんだ》方面に進出。（二十七キロ）
十二日　　　中川清秀・高山右近・池田恒興《つねおき》来屬。
十三日　雨　織田信孝・丹羽長秀合流。富田→山崎へ。（十二キロ）
　　　　午後四時頃、開戦。（明智軍、敗走）

以上が標準的な行程表で、総計二百十九キロにおよんでいる。しかもその圧巻は、六月七日の沼から姫路までの八十キロである。

大雨の中、吉井川の氾濫《はんらん》を渡河して走行する、まさに死のロードレースだ。前日の六日に二十キロ走って、今日七日は八十キロ。そして一日休んで翌九日にまた四十キロ。翌十日もまた四十キロ。そして十一日も二十七キロとなる。しかもほとんどが大雨の中で、到底、人間業《わざ》とは思えない行程である。

ある日、天啓の閃《ひらめ》きというべきか、この総計二百十九キロの距離感をそっくり箱根駅伝の総計二百十七・一キロに置き換えられることに気付いた。このことは『本能寺の変　秀吉の陰謀』に詳述したが、私の専売特許でもあるので、改めて説明したい。

中国大返しとは、「一兵士が、東京大手町・読売新聞本社前をスタートして、神奈川県箱根町の芦ノ湖駐車場入り口をトンボ帰りして、また読売新聞本社前まで戻る距離」を、一日休みの六日間で走り切ることだったのである。

・東京・大手町―鶴見―戸塚―平塚―小田原中継所までの四区間で、計八十四・四キロ。
・東京・大手町―鶴見―戸塚中継所までの二区間で、計四十四・四キロ。

もちろんこの移動は競技ではないのでスピードは競わないから疲れたら休み、また疲れたら休み、とにかくその日のうちに所定の距離を移動すればよいのだが、すべてが雨の中の移動であってはたして可能だっただろうか。

●通説における脆弱なモチベーション

ここで結論を先に行ってしまうと、「奇跡の大返し」は存在しなかったというのが、私の結論である。

しかし、前述のBS-TBS放映『ライバルたちの光芒《こうぼう》』に豊臣秀吉側の弁護人として共演した加来耕三氏は、当然のようにこの「中国大返し」を肯定し、私説にかく反論した。

「どうやって皆を走らせたのか、というモチベーション……すなわち黒田官兵衛が一つの噂を流す……もし秀吉様が光秀を破ったら、秀吉様は天下を取るのではないか……すると武将たちは大名になれるし、足軽たちも将校になれる……これは凄い、一生のうちに一度あるかないかのチャンスを巡って、皆、必死に走った……そして姫路城に着くと秀吉は、米・金銀をみなばら撒いて彼等のやる気満々とさせる……」と、火事場の馬鹿力さながらで、番組司会の高橋英樹氏から、「馬の前に人参をぶら提げた」と揶揄《やゆ》られていたが、「通説」のモチベーションたるや、大同小異、かくのごときである。

最近の一連の歴史番組でも、数々取り上げられており、NHK『その時歴史が動いた』では、全兵士は分厚い武具を一切脱いで、(夏のことで)褌姿《ふんどしすがた》に、陣笠を被り槍、もしくは太刀を肩に下げて行軍を開始し、新しい武具はテクノクラートたちの手配で目的地に準備されてあるとか。だが全行程、ほとんどが雨である。兵士たちはどういう仮眠をしたのだろうか。

●今も続く「中国大返し」ありきのテレビ番組

本書執筆中の令和二年四月八日、NHK・BSプレミアム『英雄たちの選択』において「これが幻の高速移動システムだ!」というサブタイトルの回が放映されたのだが、それを見て一驚した。

「本能寺の変に端を発した秀吉の大返しは、『戦国の奇跡』と呼ばれている。備中高松城から姫路までの一〇〇キロにおよぶ行程を大軍が驚異的な速度で取って返した。いかにして秀吉が、不可能を可能にしたのか? 近年の城館調査や、中国大返しの再検証によって『幻の大返しシステム』の存在が浮かび上がってきた。奈良大学教授・城郭考古学者の千《せん》田嘉博《だよしひろ》さんが、現地を徹底調査して、中国大返しの真相に迫る大胆な仮説を披露する」という触れ込みである。

まず歴史的前提として

・信長は早いうちから道路政策(軍道の整備)に力を注いだ。この道路整備で補給を確保し、日本各地で戦闘を展開した織田軍の迅速な動きこそ、織田軍をして常勝軍団たらしめた。

・しかも武田攻略後に信長が甲府に入る時、すでに総大将だった信忠が躑躅《つつじ》ヶ崎《さき》に、立派な御殿を信長のために造っていた。
・さらに信長が甲府から駿河を抜けて安土に帰る時、徳川家康が道々、立派な御座所を造っており、しかも金銀を散りばめた豪華なものだったと伝えられる。つまり信長の移動には、特に織田（家臣）や徳川家康の両氏は気を付けていた。
　一方、今回、「秀吉はどのような方法で、中国大返しという長距離移動を可能にしたのか？」という謎に挑むのが、千田嘉博氏である。氏によると、
・兵庫城は本能寺の変二年前に改修工事があって、史跡を調査すると城に二つの入り口があり、必ず信長の休息所としての「御座所《ござどころ》」があった。
・小谷城の調査にも（垣原源三郎宛書状）、「酒見北条ニ、一城申付候」と、信長の西国政策の一環として毛利攻めを前提とし、そこにはやはり「御座所」があり、信長が毛利と決戦する時に、信長にここに入っていただく城として造っていた。
・かくして高松城攻めに関わるルートの秀吉の城は、道路整備がされ、それ相当の兵糧の補給も確保され、かつ信長用に「御座所」まで整備されていたと考えられる。
・つまり信長が高松城攻めに来る時は、道路整備はもちろんのこと、信長のための「御座所」を要所要所に整備しておくのが不可欠なことであったのではないか？

・そこで秀吉が実際に中国大返しの決行を決断した前提は、この信長のために整備した街道を逆に走り、信長のために造った御座所を活用する！　それこそが秀吉の中国大返しを成功させて秘策であったのではないか。

かくして、千田氏は鬼の首を取ったよう勢いで、

「信長のための『御座所』で補給と休息をして、かつ道路も信長がいつ来てもいいように整えた道の沼城から姫路城に至る七十八キロを、逆に秀吉及び軍勢がわずか一日で走り帰って来た。だから『中国大返し』は、実は奇跡でもなかったのだ！」と宣《のたま》うのである。

●走りづめに走った後に「山崎の合戦」は可能なのか

賢明な読者諸氏ならすでにご理解いただいていると思うが、これは明らかに、千田氏の片手落ちである。

六月六日に高松城を出立して沼上城までの二十キロをまず走り、そして問題の翌七日は大雨の中（吉井川は氾濫）、沼城から姫路城に至る七十八キロを、以上の千田氏説の特殊ルートを通って快適に高速移動したという。

一日目はまだ頷けよう。初日はまだまだ体調にゆとりがあったからだ。

六日の高松引き揚げは夕刻からだろうか、沼城までの軽いウオーミングアップとして二十キロ走る。翌七日は姫路城まで本格的な高速移動として将兵共々頑張って、しかも千田氏説が正しければたった一日で敢行したのだから、あとはもう成功したも同然とお茶を濁す始末である。同番組では不思議なほど、残る後続距離には一切触れていない。千田氏はフルコース完走したつもりで「決して奇跡ではない！」否、「むしろ快適な大返しだ！」と独りはしゃいでいたが、姫路城から後の百キロはどうなるのであろうか？

あと約百キロ余が残っているのである。

さすがに七日の高速移動が響いたのか、翌八日は完全休養。しかし翌九日は再度兵庫城を目指して四十キロ。その翌十日も尼崎城を目指して四十キロ。さらに翌十一日は二十七キロかけて摂津富田に到着し、ここに陣構をし、中川清秀、高山右近、池田恒興などが秀吉陣に来属する。そして翌々十三日に、さらに十五キロ山崎に移動して、いよいよ、午後四時頃明智軍との決戦の火蓋が切られたのである。

「中国大返し」とは、「一兵士が箱根駅伝の往復のコースを走り切ること」を思い出していただきたい。

一方、番組の冒頭で司会のアナウンサー杉浦友紀さんが、「フルマラソン四十二・一九五のコースの五倍を走った距離」と紹介していたが、私も当該部で強調している通り、各将兵が実にフルマラソンコースを五回走らされているので、その累積疲労度をまず前提としなければならないのである。

確かに初走の七十八キロはまだスタミナの余裕もあり、かつ千田説の好条件の高速移動コースであるからして、一日の走破は可能だったかも知れない。しかし、七十八キロもいきなり走らされては、翌一日休んだだけで疲労が抜けるわけとてない。

秀吉軍も五月七日頃高松城を囲むが、折からの霖雨で城は冠水状態で、蛙ヶ鼻付近の水通し口の塞ぎ工事以外何もせず、信長軍団の着陣を待ちながら毛利三軍と対峙していただけである。

やがて「本能寺の変」が出来《しゅったい》。山崎の戦のため、秀吉軍は百キロを走り出してひとまず姫路城に辿り着くことになるのだが、その蓄積疲労度は並大抵のものではないはずである。しかも七日は大雨であり、いかに快適な高速移動路とはいえ、泥まみれの道路に吉井川の氾濫も乗り越えて、よくぞ姫路城に到着したという次第である。

翌々日の九日もまた大雨で兵庫に向かい、何とか四十キロを走破し、翌十日は雨こそ降らなかったが尼崎城目指しての同じく四十キロ、さらに約四十キロ。はたして「快適高速移動路」と「累積疲労度」の相関関係はどうなっているのであろうか?

元陸上自衛隊・戦車連隊長の木元寛明《きもとひろあき》氏によれば、

「軍の行軍は、一日八時間（一時間四キロ）三十キロが目安で、しかもある場所からある場所へ軍隊が動くこととは、新しい場所で新しいことを演《や》ること（攻撃するとか・防御するとか）」であって、はたして十三日に秀吉軍は満足に戦えたであろうか？

この中国大返し、そして賤《しず》ヶ岳《たけ》の戦いの大垣城大返し。いずれも研《と》ぎ澄まされた計略の上で成り立った秀吉の「陽動作戦」で、際立った引き揚げは実はなかったと確信する次第である。

一度「奇跡の中国大返し」イベントの会を催し、大雨の日、東京大手町・読売新聞本社前から鶴見↓戸塚↓平塚↓小田原城までの箱根駅伝コースを高速走行させてみたいものである。そしてその翌日、また翌々日にも各々四十キロ走れる体力のあるや否やの診断を、医師に委ねたいものである。

●最近浮上してきた「光秀警戒説」を検証する

安土城考古博物館・学芸課の高木叙子氏は、斎藤玄蕃助・岡本太郎右衛門に宛てた「羽柴秀吉・書状写」の中の「七日、二十七里の所一日一夜に姫路打入申候」を挙げて、秀吉本人が書いているので間違いなく走ったのだ、と宣《のたま》う。しかし、『梅林寺文書』の項で後述するごとく、秀吉の書状は嘘八百に溢れ、到底信じられない。

また、関西学院大学の早島大祐《はやしまだいすけ》氏は、「中国大返しの成功は、信長政権下で整備されていた道路改革（水捌《は》けの良い道路）が、その進軍を可能にした」と宣う。

しかし、進軍するならば、当然吉井川の氾濫や、ほとんどが大雨で、泥濘《ぬかるみ》の路であったことであろう。

さらに、歴史家・渡邊大門《わたなべだいもん》氏は、中国大返しを可能にしたのは、①情報入手の速さ、②毛利側との和睦の速さ、を挙げており、「中国方面軍として高松城を攻めながら、特異な情報収集ネットワークを構築していた。かつ、各部署に馬を置き、何時でも特殊なニュースを入手するよう配置していた」からだと言う（傍点引用者）。

また三重大学・藤田達生《ふじたたつお》氏も、NHK番組で以前から「あろうことか秀吉は、信長が不慮の死を遂げた『本能寺の変』を、あらかじめ想定していた可能性すら否定できない」と語っていた。

以上、特に最近、このような秀吉の「光秀警戒説」を歴史家が書き始めてきたが、これははなはだ訝《いぶか》しい限りである。

秀吉が、光秀に関する不穏な情報をキャッチしていたら、忠臣・羽柴秀吉としては速やかに信長なり、信忠に報告していたはずだ。したがって秀吉が、光秀の不穏な動向を知っ

ていたとするならば、それは、
・光秀と秀吉が共同謀議をした。
・当の秀吉自身が謀叛の絡繰《からく》りを設《しつら》え、光秀を囮《おとり》にして実行した。
この二つ以外には、秀吉が「本能寺の変」の出来《しゅったい》をあらかじめ知り得る要素はまったくなかったと、はっきり断言できるのである。歴史家たるものは、もっと確固たる歴史的根拠をもって発言すべきではないだろうか。

ところがNHK『その時歴史が動いた』では、

「光秀との決戦の地、京都までおよそ二百キロメートル、官兵衛は使者を先回りさせ、道々の領民に炊き出しや水の用意をさせました。秀吉は、官兵衛に導かれて天下人への道をまっしぐらに駆けて行きます」

と軽くいうのだが、『武功夜話《ぶこうやわ》』によれば総勢一万七千人という大軍である。

まず腹が減っては戦《いくさ》ができず、兵士たちが一日に十個の握り飯を喰べるとして、走る日数五日間で一兵士五十個。つまり、総計八十五万個の握り飯が要る勘定になる。こんな厖大な数量は、ちょっとやそっとの領民の奉仕でおいそれとできるものではない。

またほとんどが雨の中で裸足《はだし》では走れないので、草鞋《わらじ》が必要である。一人一日二足としても、これまた総計十七万足の草鞋が必要となってくるのだ。

それでもまだこの中国大返しを頑《かたく》なに支持される諸家が居られるなら、こういう見方もあり得よう。すなわち「東京マラソン大会」である。

しかも通常の四十二・一九五キロの走行記録を無視して、兵士諸君に六日間、一日休みの五日間を毎日約四十キロ走らせて合計約二百キロというとんでもない距離である。

そしてその二日後に、光秀と秀吉が雌雄《しゆう》を決する「山崎の合戦」が始まるのである。果たして秀吉軍は満足に戦えるのやら。

●中国大返しという「奇跡」はなかった

しかし、次のような状況下であれば、兵士たちは苛酷な負担のかかる奇跡の中国大返しを遂行しなくても済んだはずだ。

秀吉は、（光秀の行動の如何を問わず）六月の初めに「本能寺の変」の出来を、あらかじめ予測していた（もしくは自らが実行しようとしていた）。

秀吉と小早川隆景との間では事変勃発後も、秀吉軍の東上（中国大返し）を安全かつ、速やかにすべき合意が成立していた。

これならば秀吉は後顧《こうこ》の憂いなく、順次軍勢を姫路に向かって引き上げられる。

たとえば、全体を第一次隊、第二次隊、第三次隊に分ける。そして第一次隊、第二次隊は六月二日以前に引き上げを開始する。

「本能寺の変」が二日に予定通り実行されたことが、秀吉配下の特殊情報ルートからわかるだろうから、三日には毛利方と最終講和を折衝し、四日には清水宗治の切腹を見届けてから講和を締結すればよいわけだ（万が一、全ての計画が失敗して織田軍の攻撃を受けたら、秀吉軍は毛利軍と協合して戦うまでである）。

かくして秀吉軍は密かに姫路へ向かって、ゆとりある引き上げを順次始めていた。六日間で約二百キロ、マラソンの五倍ほどの距離を駆け抜けるような「奇跡」は必要ない。

とはいえ、それはあくまでも一万七千の兵のことで、秀吉本陣にはその殿《しんがり》を務める宇《う》喜《き》多《た》秀《ひで》家《いえ》軍の七〜八千の兵がまだ残っており、いざという時にはそこを死守する覚悟であったのであろう。

実際に宇喜多秀家軍が最期に高松を引き揚げる際、岡山城までの約十五キロの距離をマラソンさながら、中国大返しの真似事をしたのではないだろうか。一歩誤れば、吉川元春が飛び出してきて一手にその襲撃を受ける立場にあったのだが、秀家は見事にこの殿の重責を果たした。その秀家も後には豊臣家の五大老の一人に列することになるのであるが、いずれにしても、あの疾風怒濤の「奇跡の中国大返し」はなかった！

このことを私は強く主張したいのである。

●「中国大返し」に勝るとも劣らない「梅林寺文書《ばいりんじもんじょ》」の謎

ここに「梅林寺文書」という、梅林寺（大阪府茨木市）所蔵の一通の書状がある。しかもそれは紛うことなき羽柴秀吉の直筆、すなわち第一級史料である。

私が推定したように「本能寺の変」をあらかじめ謀議していた秀吉は、その成功を知るや毛利方との緊急講和を行い、高松城主の切腹を見届けると、六月五日には高松を離れ野殿辺りを走りながら、茨木城主・中川清秀たちに「偽書状」をせっせと書き送っていた。

尚々、の殿まで打ち入り候処、御状披見申候。今日成り次第、沼まで通り申し候。古左へも同然に候。

是より申すべきと存ずる刻、示しあずかり、快然に候。依って、只今京より罷り下り候者、確かに申候、上様、並びに殿様、何の御別儀無く御きりぬけ候。世々が碕へ御のきなされ候て、福平左三度むきあい、比類なき働きて候て、何事も無きのよし、まず以て目出たく存候。吾らも成り次第帰城候条、なほ追ひ々々申承べく候。其のもとの儀、御油断な

き御才覚専一候。恐惶謹言

六月五日　羽柴秀吉（花押）

中　衛兵　御返報

（『梅林寺文書』）

この書状は五日付、瀬衛兵《せいべえ》（中川清秀）に宛てられたもので、極めて重要な一級史料だ。

高松から姫路に向かう途上、備前野殿で秀吉が発信されたといわれる書状で、まず前段二行が追伸である。

「野殿まで引き揚げ中に貴状を拝見しました。今日は成り行きで沼（岡山市の北東部）まで移動します。古田佐助（古田織部《ふるたおりべ》）にもよしなにご伝言下さい」と始まる。

そして問題の個所が続く。

「こちらから申し上げるべきところ、貴状を頂き心地良き限りです。只今、京より罷り下った者が確かに申すには、上様（信長）並びに殿様（信忠）は何の御別儀無く（支障なく）切り抜けなされ、世々《ぜぜ》が碕（大津市膳所《ぜぜ》）へ退去なされて御無事であられるし、福住平左衛門が三度戦い、その比類なき働きによって、何事も、事無きを得てまずは目出度い限りです」と、信長父子の無事を強調しているのだ。（傍点引用者）

だが、比類なき働きをしたとこの手紙に書かれている福住平左衛門秀勝は、信長父子の御供をして無事に見えるが、妙覚寺襲撃を受けて信忠と討ち死にをしていたのである。

一般的には、秀吉がこの偽情報を流すことによって味方の動揺を抑えるとともに、光秀が寄り親（ここでは軍事組織の長のこと）である近畿管領軍の切り崩しを謀《はか》り、秀吉側への参陣を呼びかける情報戦が有利に搬んだと主張されているようだ。

講談社刊の『週刊ビジュアル日本の合戦・Ｎｏ４・羽柴秀吉と山崎の戦い』でも、次のように記載されている。

「秀吉が流す『信長公は生存！』＝明智光秀との決戦に向け、姫路城を目指していた六月五日、沼付近で、秀吉は摂津茨木の城主・中川清秀に一通の書状を出している。京都からの情報として、主君・織田信長とその長子・信忠は、本能寺の変で死んでいない。窮地《きゅうち》を脱して、膳所が碕で健在である、という内容だった。もちろんこれは事実ではない。中川清秀や近隣の高槻城主・高山右近は、秀吉と同じく信長配下の武将だったが、光秀の配下に入っていたため、光秀の謀叛の噂に浮足立っていた。畿内勢力の協力が必要だった秀吉は、彼等の動揺を抑えようと、あえて『偽情報』を流したのである。その効果か、十二日には清秀、右近、池田恒興が羽柴軍に合流した」

だが、「信長父子生存」の偽情報を流した秀吉の真の意図は奈辺《なへん》にあったのかが問題で、このような通り一辺倒の解釈では、「秀吉の陰謀」の真意は到底読み取れないのである。

●偽情報から明らかになった「真犯人＝秀吉」という結論

一口に「偽情報」といっても、二通りの偽情報が存在する。

前者は本人とは別の人物が書いた、いわゆる捏造《ねつぞう》された書状であり、後者は本人が書いているのだが、虚偽の書状である。

六月二日付で光秀が発給したとされる、「もだしがたき遺恨を持ち、本能寺において信長親子を誅し、素懐を達し候」と書かれた『別本川角太閤記』のものと、『武家時紀』所収の『西尾光教への大垣城受け渡し要請文』の二通は、当然、前者である。

特に『別本川角太閤記』所収の資料は、川角三郎右衛門が事変四十年後の元和八年（一六二二）頃に『川角太閤記』として纏めたもので俗書として定評があり、しかもいずれも光秀自筆の筆跡とはほど遠いのだ（『川角太閤記』と『明智軍記』が定評のある悪書であることは、後ほど、さらに詳述したい）。

一方、今問題にしている六月五日付で秀吉が発給した、清秀宛ての『梅林寺文書』は後者であり、れっきとした秀吉の自筆文であるが、内容が偽りの情報である。

問題は、なぜこんな偽情報が堂々と流せたかという点にあるのだ。

通常この「偽情報」は、事実を隠して摂津の武将たちへ秀吉方に味方するように、せっせと書き送った書状として認《したた》められていると記した。

だがこの「偽情報」が内包している真意、すなわち「信長父子を今しばらく生存させておく」という秀吉の計略は、後世にはまったく理解されていないようだ。

たとえば、中川清秀から、「秀吉殿、とんでもない。上様の御首級《おしるし》はもうすでに、洛中に晒れておりますぞ！」という連絡が来たのでは、話にならない。

これだけの「信長父子生存」の確固たる偽情報を流せるということは、取りも直さず、「信長父子の遺骸は、絶対に見つからない！」という自信の裏付けが秀吉にあったからに他ならない、と結論付けられるのだ。

つまり、信長父子を自分の手の内で処理したという確信なくしては、決して流せるような偽情報ではないのだ。だからこそ、この中川清秀宛ての書状は、極めて貴重な一級史料となるのである。

さらにこの秀吉の書状には、もう二つ、重要な解釈が存在する。

一つ目は前述の『週刊ビジュアル』同様の通説になるが、光秀の謀叛の噂で動揺している近畿管領軍のうち、特に中川清秀・高山右近・池田恒興ら与力《よりき》（寄騎）への調略である。いくら彼らが、寄親だった光秀の恩義に応えたいと思っても、信長父子が窮地から脱して無事であると秀吉から聞かされては、明智方に加担するのは危険極まりないという、かなり巧妙なアプローチである。

しかも光秀と婚姻関係にある細川藤孝父子、及びかつて織田方に対立して光秀の配慮で首が繋がった筒井順慶も、やがては秀吉の圧力に押されて中立という逃げを打つこととなる。つまり、光秀の近畿管領軍は、秀吉の巧妙な調略によってすっかり丸裸《まるはだか》にされてしまったのである。

そして二つ目こそ、極めて重要な解釈が存在する。

もし織田信孝・丹羽長秀辺りがいち早く信長追悼《ついとう》の旗揚げをして、しかも中川清秀・高山右近・池田恒興など、光秀の与力衆が「光秀追討」の陣に参加してしまっては、秀吉にとっては元も子もなくなってしまうのである。

もちろん信長父子が憤死したことも、やがては織田家中の知ることとなるであろう。だが信長父子をはじめ福住平左衛門には、今しばらくは生存していてもらいたい。とにかく「秀吉先陣」の光秀追討劇までの時間稼ぎをする、という意図を併せ持っていたのである。

秀吉が先頭に立って直接光秀と対決するまで、他の武将に旗揚げされては困るのである。それでは信長の後継者としての意義が薄くなってしまうからであり、しかもせっかく苦労して信長父子を弑逆した努力が、すべて水泡に帰してしまうからである。

そこでこの中川清秀同様の「偽情報」が、高山右近・池田恒興はもちろんのこと、特に織田信雄《のぶかつ》にも発信されていたと思われる。何よりもこの突発的な事変で情報が入り乱れる状況下にあって、しかも信長父子の遺骸が未発見の段階においては、他者による「弔い合戦」を抑える効果的な役割を果たしたわけである。

●なぜ中川清秀は光秀を差し置いて秀吉に書状を送ったのか？

ところでこの書状は、清秀から受け取った書状への返信だった。しかも六月五日（事変三日後）には、すでに両者間で書状のやり取りがあった。

秀吉は高松城攻めの真っ最中で、信長の訃報もやっと三日夜半に知らされたのだとなると、明智光秀配下の寄騎である清秀が、寄親である光秀を差し置いてなぜ秀吉に書状を送っていたのかが、大きな問題になってくる。

清秀は本来は信長の命令により、同じ光秀配下の寄騎である高山右近や池田恒興などといずれかの地で合流し、光秀の指揮の下で高松に進軍しなければならなかったのである。

そこで一般論としては、

「明智光秀が謀叛を起こし信長が襲われたという報は、噂として諸将に伝わった。しかし、誰もがどう状況を判断して、どのように行動すべきか、戸惑うばかりだった。その一人が摂津茨木城主・中川清秀で、清秀は備中高松に在陣している羽柴秀吉に書状を送り意見を求めた」（小学館刊『新説中国大返し』）ということになるのである。

だが、天下の明智光秀もだいぶ見縊《みくび》られたものである。

目下のところは暫時軍事休暇中の近畿管領軍だが、ここ数年、生死をともにして戦ってきた親分《ボス》である光秀を差し置いて、子分の清秀が、こともあろうに他の軍団の親分である秀吉に身の振り方を相談したというのだ。

だがそれは、かかる事変の一連の行動目録として、秀吉はあらかじめ何らかの接触をこの摂津三人衆、すなわち中川清秀、高山右近、池田恒興に試みていたとしか考えられない。つまり、秀吉の敏捷さではないだろうか。

かくしてこの『梅林寺文書』が奏功して、「山崎の戦」で大勝利を収めた秀吉は、逆臣・明智光秀を殲滅《せんめつ》した実績を掲げて「清洲会議」を主催。並居《なみい》る織田信雄・信孝を尻目に、京都・紫野大徳寺の塔頭《たっちゅう》・総見院《そうけんいん》で、自分の養子・於次丸秀勝《おつぎまるひでかつ》（信長の四男）を喪主に仕立て、自身はさながら葬儀委員長を務め、信長の葬儀を天正十年十月の初めから半月にわたって盛大に執り行っている。つまり秀吉が、信長の後継者であることを天下に知らしめるための葬儀だったのである。

信長には、れっきとした二男信雄・三男信孝という後継者がいるのにもかかわらず、「本能寺の変」勃発以来、秀吉が織田家再興のために動いた気配はまったく見当たらず、ただひたすらに己の天下掌握へと邁進し続け、いよいよ「賤ヶ岳の合戦」で柴田勝家を破り、天下盗りへの王手をかけたのだ。

この『梅林寺文書』の持つ意義の重要性を要約すると、以下のようになる。

六月二日に（秀吉が仕組んだ）「本能寺の変」が起きる。秀吉は、いち早く毛利方と事後処理の折衝を終え、光秀を追討する名目の弔い合戦を仕立てて、一万七千の兵を率いて一刻も早く東上し、光秀の防禦の不備を衝《つ》かねばならない。

しかも一番早く東上して弔い合戦の名義人となり、ポスト信長の後釜に坐るべく最優先権を先取しなければならない。

それには、目下対峙している毛利軍（小早川隆景）の協力が必要である。秀吉政権樹立の毛利家の安堵《あんど》を約することによって、世に言う迅速な「中国大返し」を、秀吉ならではの姦計《かんけい》で敢行しなければならない。またそのためにも摂津三人衆を調略して、味方に引き入れることも肝要である。

それゆえに、この『梅林寺文書』の有効価値が存在するのである。つまりこの書状で信長父子生存の偽情報を流すことによって、上記の企てが成功して環境が盤石《ばんじゃく》なものになる。

さらに、光秀と婚姻関係にある細川藤孝父子、また光秀の恩顧《おんこ》を蒙《こうむ》っている寄騎・武将たち（筒井順慶や山岡景隆など）も含めて、光秀から離反もしくは隔離（結果は中立）させなくてはならない。

「信長父子弑逆」は自分の手で処理済みだから、いくら「信長父子生存」を書き立てても一向に不自然さはなく、もとより遺骸は絶対見つからない。

それらを一気に行うための手段が、この『梅林寺文書』だったのである。改めて秀吉の権謀術数ぶりに愕かざるをえないのだ。

●「明智光秀の謀叛劇」と断定してしまうからさまざまな矛盾が生じる

さて、これまでの流れを要約してみると、すべてが秀吉の主導（すなわち陰謀）によって操作されていたことに気付かれよう。

しかし歴史（事件）とは「流れ」であり、そこにはまた自ずと起承転結が存在するものあるし、その起承転結を丹念に調べ上げると、的確な流れが見えてくることもある。また
さらに歴史とは、時代とともにその見方、解釈が変わってくるものでもある。

ところが通説の「本能寺の変」は六月二日に発生し、しかも主犯を明智光秀と決め付けて、その六月二日ですべてが終わっているのである。

そしてその後は、ただその事件当日から遡って、「なぜ光秀が、主君・織田信長を討ったのか？」という、謀叛の動機解明にのみ終始するのである。そしてそこから「明智光秀怨恨説」「野望説」「怨恨・突発説」「野望・突発説」等を始め、「朝廷黒幕説」「足利義昭黒幕説」（藤田達生氏）、「朝廷関与・イエズス会黒幕説」（立花京子氏）、「齋藤利三煽動《せんどう》説」（桐野作人氏）等々までに発展した百花繚乱の諸説が乱立致して、探偵劇ごっこが始まるのである。

すべてを「明智光秀の謀叛劇」に設《しつら》えてしまい、それまで関わった周囲の状況、もしくは事件と関わって並走する人物の実証などは一切お構いなしだったのである。

だがもし、あのコロンボ刑事だったらそうはしないだろう。事件に関わった者はすなわち皆一応は容疑者であり、特に事件と関わって並走する人物こそ、まさに最重要参考人で

あって、看過することなど絶対ありえないことである。

それはそうであろう。羽柴秀吉がこれだけの実証を引きずって光秀と並走しているのに、完全に白（無罪）と言い切れる余地など微塵もないからである。

ところが歴史家・作家諸氏は挙《こぞ》って、「確かに本能寺の変で一番得をしたのは羽柴秀吉である。だからと言って秀吉を疑うのは筋違いであるし、第一、高松城攻撃中という完全なアリバイがある。しかも秀吉には他の重臣たちと異なり、独特の臭覚というか機知力を兼ね備えており、また絶えずあらゆる状況に対して気配りも怠らなかった。その才覚が、次へ、次へと展開していく過程で物の見事に実を結んでいったわけで、むしろその才覚を褒めるべきであろう」ということになってしまうのである。

だがこれは単なる秀吉の「サクセスストーリー」では済まされない。むしろそこには、「陰謀」を織り交ぜた「サクセスストーリー」があるのだ。

●「秀吉の陰謀」の立場で本能寺の変までの流れを読み直す

果たしてこの短期間における秀吉の一連の実証の流れが、純然たる「秀吉のサクセスストーリー」だったと言い得るものであったかを、告発してみたい。

一、天正十年三月、武田家を殲滅させた織田信長に残る敵は、東に北条家・上杉家。そして西の大名毛利家を討ち果たせば、四国・九州は時間の問題であった。

二、三月十五日、中国方面司令官・羽柴秀吉に中国攻めが命ぜられ、二万五千余の兵を率いて中国に出陣する。

三、四月十五日に備中入りをした秀吉軍は、破竹の勢いで「境目七城」のうち、冠《かんむりやま》山城・宮地山城を陥《おと》して、五月七日に高松城を囲む。

四、ところが折から連日降り続く霖雨《りんう》で、高松城本丸はほぼ冠水状態になっており、雨だけで高松城水攻めの図式が完成していた。

五、そこで秀吉軍はこの水が退《ひ》かないように、蛙ヶ鼻《かわずがはな》から原古才村《はらこさいむら》付近の水通し、すなわち水の捌《は》け口を塞《ふさ》ぐべく、約三百メートルの築堤工事を十二日間で施《ほどこ》し、兵糧攻めを達成。つまり、世にいう「高松城水攻め」の大工事は秀吉の誇大戦略である。

六、この誇大戦略の報告かたがた、秀吉はいまだ毛利三軍の援軍到着前の五月十七日、「毛利軍が五万計《ばか》りの大軍で来援」と信長に早馬を送り、信長の出陣を謀《はか》る。

七、要請を受けた信長が、「天が与えた絶好の機会だから自ら出陣して、毛利を討ち、九州まで一気に平定しよう」(『信長公記』)と天下統一実現の決意をし、まず京都出立《しゆったつ》を六月四日と決める。六月二日中に明智光秀軍と筒井順慶軍の洛外に終結を命じた。

八、信長自身は五月二十九日に大名物茶器三十八点を携え軽装な防備態勢で、天正年間二度目の本能寺入りをする（これは博多の豪商茶人・島井宗室と「楢柴肩衝《ならしばかたつき》」という絶妙な罠《わな》を仕掛けて、信長を本能寺まで誘《おび》き出す秀吉の手段であった）。ただしこの本能寺茶会は同年元旦十七～十八日に予定されていたが、急遽惹起《じやつき》された武田攻めのためいったん中止になっていた。その再現に過ぎないが、秀吉方にとっては絶好の機会であった。

九、六月朔日、島井宗室を招いての「朝茶会」も無事に終わり、日中の公卿集団の拝謁も終えた信長は、六月二日早暁、本能寺・妙覚寺で父子共々「秀吉方偽装集団」に一斉攻撃を受け謀殺される。洛中に駐屯していた明智軍を囮《おとり》にして、「日向守様、御謀叛！」の乱波《らつぱ》を洛中に放って、ここに「明智光秀の謀叛」が成立するのである。

十、（かくして毛利方の小早川隆景と、毛利家の安堵《あんど》を賭《と》して深く癒着している秀吉は）高松城主・清水宗治の切腹と、毛利方との一方的な講和の締結で高松城包囲作戦にケリを付け、一見、電光石火を装う「奇跡の中国大返し」の絡繰《からく》りで東上を謀る。その途上、中川清秀を筆頭に、光秀の与力《よりき》（寄騎）衆へせっせと偽情報を送り、自軍参属への調略に成功したのである。

十一、六月十三日、総大将として織田信孝を名義人に置くが、「弔い合戦」として羽柴秀吉が大山崎で合戦の火蓋を斬り、明智軍を完膚なきまで打ち砕いて勝利。両者（信孝・秀吉）は朝廷から「太刀下賜」の栄に浴し、ここで初めて次期天下を担う資格（信孝は兄・信雄《のぶかつ》よりも、秀吉は他の重臣たちよりも）に一歩大きく抜きん出たのである（朝廷が太刀を下賜するというのは、征夷大将軍が反乱軍制圧に出陣する時の儀式である）。しかも秀吉は、主筋の信孝とも比肩し得たことになる。当座は暫時呉越同舟《ごえつどうしゅう》し、後に信孝を蹴落とす機会を作ればよいわけで、それが清洲会議で具現していくことになる。

歴史（事件）とは「流れ」であり、そこには自ずと起承転結が存在するものである、と申し上げた。すなわち「本能寺の変」は六月二日に勃発して、その日で終わったわけでは決してない。歴史的真実はその後も絶えず流れているのである。それゆえその先を読み取り、読み切らねばならない。

そこでまず「起承転結」の「起承」の流れを総括しているが、そこにはすでに惹起された歴史事象の他、左記のような状況がある。

・中国方面軍司令官・羽柴秀吉としての長年にわたる「毛利経営」を巡っての秀吉の理念と、信長との相剋。すなわち、織田家と石山本願寺擁護の毛利家との間に長年にわたる熾烈な確執があり、しかも織田家の天下統一も間近で、毛利家には殲滅の危機意識があった。

・毛利元就の遺訓中「毛利と申す名字の儀、涯分《がいぶん》まですたり候はぬように」から始まり、「毛利という二字を末代まで安堵せよ」「決して天下を望まず」等々、毛利家安堵の遺訓を尊守する小早川隆景が、羽柴秀吉に頼っている（傍点引用者）。

・信長に援軍の要請をしておきながら、すでに信長遠征前に密かに「五カ国割譲案」条々の講和が折衝されていた。ところが信長遠征の目的は、あくまでも毛利家殲滅。すなわち三月の武田勝頼同様、毛利輝元・吉川元春・小早川隆景の首を京に晒《さら》すことであり、決して講和を結ぶことではない。だが秀吉には、信長はもう毛利征伐に来られないことがわかっている。京都の某所で、明智なる者に討たれてこの高松には来られないのだから。

●清洲会議における秀吉の計略

かくして六月二日早暁に、「信長父子謀殺」が予定通り実行され、一連の「起承」が展開した。ここからは、「転結」の冒頭である「清洲会議」に移行して、真実の流れを追い求めたい。

大山崎で見事な弔い合戦に成功して明智軍を壊滅し、時流に乗る（勝ち馬に乗る）秀吉は、「清洲会議」を主催して、まず強力な地歩を固めた。さらには運命の糸に引かれて「賤ヶ岳の合戦」にまで駒を進め、ふと気が付いたら「天下」が棚から牡丹餅のごとく秀吉の手中に転がり込んできた――この一連の「秀吉のサクセスストーリー」あるいは「秀吉神話」といったものを、そう簡単に鵜呑みにするわけにはいかない。

秀吉の一連の「起承転結」には、「陰謀」という綾を織り交ぜた作為がある。当初の「起承」は「信長の呪縛《じゅばく》から逃れたい一心さ」で展開していたが、走り続ける途上で妙に歯車が嚙み合い、「天下をも狙える」次元に「転結」していったのである。

その実証を追いたい。

○六月十五日、安土城炎上

通説では事変で狼狽した織田信雄の放火（高柳光壽氏など）となっているが、仕掛け人は明らかに羽柴秀吉である。このことは後述する。

○六月二十七日、清洲会議

織田家宿老の柴田勝家、羽柴秀吉、丹羽長秀、池田恒興による織田家後継の話し合い。会議は紆余曲折し、勝家は強く信孝を推すが、「太刀下賜」拝領の秀吉に決定権があってか、秀吉の推す信忠の嫡男・三法師《さんぼうし》（織田秀信《ひでのぶ》）に決まる。

ところが実際には安土城が焼失している。そのため清洲会議では、

・三法師には近江のうちで三十万石の領地を付け、前田玄以《げんい》・長谷川丹波守の両人がその側近にあって御守りの役を務め、その指図と責任を羽柴秀吉が負うこと。
・政治行政にわたる後見役として、叔父の信雄・信孝の両人が相務め、三法師の成人の日まで代行する。
・安土城焼失のため、そこに屋形ができるまで、暫時、三法師の身柄は信孝が岐阜城で預かる。

――などが決定された。傀儡化《かいらいか》した織田家後継者・三法師のために、秀吉は新たな居城を築城した。その勢力の及ぶ範囲内で、後見人として織田政権を経営できるのである。つまり秀吉にとっては、織田信長父子の死と同時に、安土城が焼失することが、何よりも天下盗りへの大前提だったのである。

○十月十五日、「信長の大葬儀」

京都大徳寺にて施主・織田秀勝（信長の四男・秀吉の養子）が行う。この大葬儀には、清洲会議の宿老・池田恒興も参席。丹羽長秀は名代を立てる。また細川父子も参席。筒井順慶は警護の兵を出している。納棺の列は二列三千人にも及び、信長臣下の大半も参列して、秀吉が信長の後継者であることの威光をまざまざと満天下に示した。これは、清洲会議及び、信雄・信孝を蔑《ないがし》ろにするもので、両者にも大きな衝撃を与えた。二人は早速、徳川家康と与同する。

●世紀の接戦といわれた「賤ヶ岳の戦い」はあっけなく終わっていた

一方秀吉は、丹羽長秀と与同して羽柴＝丹羽体制を固め、信雄・信孝間の離間を画策する。しかも信孝は柴田勝家と結び体制を強め、勝家へ叔母・お市《いち》との婚姻を推挙する。また信孝は後見人として三法師を手放さない、そのため、勝家を除く清洲会議出席者の三人（秀吉・長秀・恒興）が再度合議して、織田信雄を家督として据える（信雄をいったん抱き込む）。

そして信孝に謀叛心ありとして岐阜城の信孝を攻め、降伏させて岐阜城に蟄居《ちつきょ》させる。ここで信雄を推戴する秀吉と、信孝を支持する勝家との激突が不可避となる（むしろこの状態になるように、秀吉が画策した）。

○天正十一年（一五八三）四月、賤ヶ岳の戦い

柴田勝家が越前・北ノ庄《きたのしょう》から南下を決意して出陣したのが、やっと四月になってから。雪解けの出陣である。冬は動けぬ北国武将のハンディか、清洲会議で獲得した長浜《ながはま》城もすでに奪回されており、秀吉シフトは縦横無尽に敷かれていた。

まず秀吉は、賤ヶ岳前方の北国街道中央部（東野山から堂本山に至る）に、「惣構《そうがまえ》」といわれる強固な防御を構えて、勝家軍の南下を阻《はば》む。秀吉側がこの防御ラインを守り切れば秀吉側の勝ち、反対に勝家側がこの防御ラインを突破して南下すれば勝家側が勝ちという戦いである。さすがに両軍は容易に攻めきれず、勝家軍が激しく仕掛けてはまた退くという前哨戦の後、膠着《こうちゃく》状態が続くのであるが、ここで秀吉が自家薬籠中の「陽動作戦」を採るのである。

その発端は、膠着状態が続く折節、柴田勝家に与《くみ》した滝川一益が、岐阜城で蟄居中の織田信孝と呼応して美濃で挙兵して、後方から秀吉軍を挟撃しようとするものである。

そこで秀吉は軍隊を二手に分けて、本陣の「惣構」は弟の秀長に任せて、自分が先頭を切って岐阜城攻めを敢行したのである。

しかし折からの豪雨で揖斐《いび》川は氾濫して岐阜城攻めに至らず、二十キロ手前の大垣城に留まり、暫時、戦況判断中。

（恐らくこの情報を故意に漏らしたのであろう）勝家側の猛将・佐久間信盛《さくまのぶもり》が、好機到来とばかり、勇躍、秀吉軍左側の尾根伝いを迂回して大山砦に猛攻を開始。この「中入」という作戦で、秀吉軍の後部を攪乱させる大活躍となった。勝家全軍も中央ラインの「惣構」突破を目指して総攻撃を懸けたのであるが、「惣構」は動かず。ただし大山砦の戦いで、あの闘将・中川清秀も戦死し将兵六百余の損失となった。

一方、佐久間隊急襲の報を受けるや秀吉軍は、すかさず踵《きびす》を返してこれまた勇躍、大垣城からおよそ五十二キロの道のりをわずか五時間で駆け進み、進撃中の佐久間隊めがけて大追討劇を開始した。

実にこの瞬間である！　勝家側の猛攻もこれまでと舞台が一転、事前に秀吉に籠絡《ろうらく》されていた前田利家《まえだとしいえ》・金森長近《ながちか》・不破勝光《ふわかつみつ》秀軍が一斉に戦列を離脱してしまい、ここに柴田軍は大敗北を喫して敗走した。そのわずか二日後の四月二十三日、秀吉軍は北ノ庄城を囲み、勝家はお市と自刃したのである。

通説では、揖斐川の氾濫が逆に秀吉に幸いし、なおかつ、あの「奇跡の中国大返し」で培《つちか》った秀吉の十八番たる「大垣城大返し」として喧伝《けんでん》されるのだが、何もまたここで大返しなど再演するまでもない。ここが秀吉の陽動作戦たる所以である。

緊迫した膠着状態には、「空動《からうご》き」というか陽動作戦というか、一瞬、相手に隙を見せることも肝要であって、大軍の駐留先を大垣城五十二キロに位置しなくてもよいはずだ。第一、五十二キロ駆け抜いてきた将兵が、さらに佐久間隊に攻撃を仕掛けることは酷であるから、そこそこの距離でスタンバイしてればよいことになる。私はこの岐阜城攻めを一種の囮《おとり》作戦と断じている次第である。

関ヶ原の合戦における小早川秀秋を見るまでもなく、すでに秀吉から籠絡されていた日和見的《ひよりみてき》な武将たちには、コールドゲームを宣告すればよいわけである。

かくして世紀の接戦といわれた「賤ヶ岳の戦い」も、蟻の一穴、秀吉が設《しつら》えた有力大名の籠絡と、佐久間信盛の勇み足を誘う陽動作戦で、実に呆気《あっけ》なく終わってしまったのである。

一方、岐阜城の信孝も兄の信雄に攻められ、頼みの綱の勝家は敗戦。涙を呑んで信雄に降《くだ》り、自刃して果てるのである。秀吉は手を汚すことがなかった。

●歴史における「起承転結」を疑い、徹底的に検証する

さらに続きがある。大坂城築城である。旧・石山本願寺跡に信長が築城していたが、天正十一年新たに秀吉が再着工し、天下盗りの後継者ぶりを露《あら》わにした。この結果、信雄・秀吉間の不仲を増大させる。
○天正十二年（一五八四）三月、「小牧・長久手《ながくて》の戦い」
たまりかねた信雄が、反対する重臣三人を斬って、徳川家康を頼み挙兵して秀吉と戦う。しかし、秀吉にいつしか懐柔されて不可解な休戦となる。しかも信雄は、やがて改易

されてしまったのである。

かくして天正十三年（一五八五）三月の時点で秀吉に対抗した人物は、改易された信雄以外残っていないという状況になる。しかも、その信雄自体も後々、秀吉の御伽衆《おとぎしゅう》に成り下がって余生を送るのである。つまり、ここに羽柴秀吉政権が成立するのである。

……ここまで、「秀吉の陰謀」に関わる実証の流れを取り上げてみた。

このように、すべて秀吉主導で挑発的な行動を展開し、特に信雄・信孝間の抗争心を煽り、信雄＝秀吉、信孝＝勝家の構図を形づくる。しかも信雄に信孝を殺させ、さらに信雄を改易に追い込んでしまうという権謀術数に長《た》けた作戦を転用し、いつしか天下を我が物にしてしまうのであって、秀吉にとっては、決してハードルが高い作業ではなかった。

これだけの流れを見てしまっては、不自然極まりないと思われないであろうか？

織田信長の天下統一のため、高松城を必死に攻めていた最中、こともあろうにかけがえのない主君・信長が、本能寺で明智光秀の謀叛で討たれてしまった。

号泣の後、まず主君の仇討ちを誓い、その弔い合戦で見事に光秀の首を討ち取って本能寺に供えた。その後は織田家再興のため清洲会議などで奮闘するも、その後継者の間や、家臣間の軋轢《あつれき》を整理しているうちに、いつしか秀吉がその頂点に立つことになってしまった。

こんな、さながら『川角太閤記』なみの逸話に胡坐《あぐら》をかいているわけにはいかないのである。

一連の流れをコロンボ刑事流に吟味すれば、自ずとそこには「秀吉の陰謀」の実証が炙《あぶ》り出されてくるのである。これこそが歴史の流れであり、かつ歴史の起承転結である。

歴史とは、長いスパーンで歴史事象を解析しなければならない時がある。それを短絡的に一つの歴史事象の結論（早合点）で決め付けるべきではない。「本能寺の変」とは、「誰々が起こしたクーデター」などという結果だけで結論を出すのではなく、あくまでも「誰々が起こしたというクーデターの通過点であって、そこに関連し合う歴史事象が併存していなかったか？」を問い直すとともに、本来の起承転結を徹底的に分析し、その歴史（事件）の流れを実証史学の許で整えるべきである。

また、事件に並走して関わっている者こそ最重要参考人であって、歴史の流れの中間点（通過点）における関係度を厳しく再捜索すべきである。そこにこそ、真の「本能寺の変」という起承転結が存在してこよう。

いわゆる「本能寺の変」。そして「清洲会議」から「賤ケ岳の戦い」。

歴史的流れが二本のラインで流れているのではない。両者に接点がある以上、前後枝分かれしながら完全に拘《かか》わり合って並走している流れとして一本化して見るべきであろう。

また、相互に絡む並走者（つまり羽柴秀吉）をさらなる最重要参考人として、再捜索を一段と強めるべきではないだろうか。

「原因」があれば必ず「結果」があるわけで、歴史の流れを長いスパーンで見ればそこには必ず「因果応報」、すなわち「起承転結」が存在している。歴史は流れの辻褄を合わせるものである。

明智光秀＝細川藤孝間にも流れている歴史の法則が、まさに起承転結を見事に表しているのだが、それは次章で詳述したい。

第六章　光秀はなぜここまで杜撰《ずさん》な行動をとったのか

●光秀の情けないほどの自滅の謎に迫る

前二章にわたって羽柴秀吉の個人論と謀叛の条理、すなわち歴史の流れの起承転結（初めから合目的的に見事に仕組まれた「起承」から、理路整然と巧みに流れる「転結」）の、いとも鮮やかな行程表たる「秀吉の陰謀」を詳述してきた。

一方、同じ接点（本能寺の変・山崎の戦）で邂逅《かいこう》し、かつ並走してきた明智光秀の、何ともぎくしゃくした流れを見るにつけ、これが中世の歴史を大きく変えた「本能寺の変」の主人公とは到底思えないほどのみすぼらしさなのである。

これでは、「本能寺の変」は極めて刹那的な光秀の暴挙ということになる。

不可思議なことに光秀には、事変遂行に対する理由も見当たらず、計画や準備もなく、かつ事変後の的確な対応すらない。ましてや、いわゆる根回しや裏工作に類することも一切見受けられないのである。

結局、山崎の戦では、光秀が率いるかつての近畿管領軍はすっかり丸裸にされてしまい約六千兵（一万三千の兵で本能寺を襲ったというのは前述の通り嘘）。山崎片家、武田元明、京極高次《きょうごくたかつぐ》、御牧《みまき》三左衛門、並河易安、松田左近、阿閉貞征《あつじさだゆき》などを含めた旧室町幕府衆や、近江や若狭の国衆たち、いずれも少身の者たち合わせて明智軍総勢一万六、七千有余の兵に満たない。一方、対する羽柴軍は三万有余の大軍である。

かくして『兼見卿記』によれば、いかにも情けない、ていたらくな状況裡で光秀は自滅してしまったのである。

ありとあらゆる手段を講じて天下盗りへと邁進して行く羽柴秀吉に比べて、光秀はまるで重心を失った凧のごとく、寂しげに空回りをして凋落《ちょうらく》してしまった。

そこでもう一度、「秀吉の陰謀」を下敷きにして、織田信長と明智光秀、そして細川藤高の関わり方を検証してみたい。

●謎に包まれた光秀の前半生

明智光秀は享禄元年（一五二八）生まれが定説となっているが、定かではない。また出生地が「美濃国・可児郡《かにごおり》明智」と「美濃国・恵那郡《えな》明智」の二説があり、前者が有力であるが、光秀の前半生の来歴はまったく不明である。

光秀と妻・熙子の間には、有名なエピソードが残っている。熙子は土岐郡妻木城主・妻木廣忠の娘で、妹の芳子と美人姉妹で知られていたが、光秀との結納後、熙子は水疱瘡《みずぼうそう》を患って顔に後遺症が残ってしまった。廣忠は妹の芳子を薦めたが光秀は固辞して、約束通り熙子を妻に迎えたという愛情物語である。

また、光秀が信長に仕える以前の不遇時代、寺子屋の師匠をして苦しい生計を立てていたが、連歌会の当番の折、熙子が女性の命ともいえる黒髪を切り売って客をもてなし、光秀の面目をほどこした。光秀はそのことに感涙し、今後側室を一切持たないことを誓い、生涯それを貫いたという、熙子の黒髪切り売り事件もある。

これらには確たる史料がないのだが、伝承として残っているという不可解さが歴史にはある。

一方、光秀の歴史上の初見は永禄十二年（一五六九）である。前年、足利義昭・織田信長が無事に上洛を果たし、第十五代足利幕府が再興された直後、三好勢の急襲を受ける件《くだり》である。

「永禄十二年正月四日、三好三人衆（岩成友通・三浦長逸《ながゆき》・三好政康）および斎藤右衛門大夫竜興・長井隼人らが南方の浪人どもを招集し、薬師寺九郎左衛門を先駆けの大将として、足利義昭公のいらっしゃった六条の館（本圀寺《ほんこくじ》）を取り囲み、門前の家々を焼き払って、はやくも寺内に踏み込まんとする勢いであった。その時六条の館に立て籠もった人たちと言えば、細川典厩《てんきゅう》（藤賢《ふじかた》）・織田左近将監・野村越中守・赤座七郎右衛門・赤座助六・津田左馬丞・渡邊勝左衛門・櫻井与衛門・明智十兵衛・森弥五八・内藤備中守・山県源内・宇野弥七らであった」（『信長公記』巻二・榊原潤訳）

かくして足利義昭・防禦隊の精鋭たちが大奮戦し、細川兵部大補（藤孝）らの応援で三好勢も敗退し、織田信長も急遽上洛して、やがては防御態勢も整った二条御所が完成する次第だが、この防御隊の中に「明智十兵衛」という名がある。これをもって歴史上の初見としているのである（この時点での光秀は、未だ幕府奉公衆だった。後述）。

ではそれ以前の、明智光秀の来歴はどうだったのであろうか。

●叔父・光安と斎藤家の戦い、そして苦渋の選択

光秀の父・光綱《みつつな》は美濃国可児郡《かにごおり》（岐阜県南部）にある明智城の城主であり、明智下野守《しもつけのかみ》と呼ばれていたが早くに亡くなった。まだ光秀が幼弱であったことから、光綱の弟・兵庫助光安が兄の跡取りとなり、明智家に関わるさまざまなことを相続した。

この光安の子・明智佐馬助光春（『明智軍記』記載）が、狩野永徳《かのうえいとく》描く「雲龍の陣羽織」を颯爽《さっそう》と靡《なび》かせて湖水を馬で渡ったと喧伝《けんでん》されているが、これは『川角太閤記』に初見の創作である。

また、明智家から斎藤山城守道三の後妻として直る小見《おみ》の方は、光秀の父・光綱と光安の妹であったといわれている。後に織田信長の正室となる帰蝶《きちょう》（濃姫《のうひめ》）を産むのであるから、光秀と帰蝶は従妹関係になるという伝承も残るが、定かではない。

ましてこの機縁から『国盗り物語』（司馬遼太郎）などでは、明智光秀は斎藤道三から我が子同然に育てられた（砲術や戦術も学ぶ）とあるが、あくまでも作家の創作に過ぎない。

また甚だしい創作として、小見の方を光秀の実母と準《なぞら》え、夫は戦死したのであろうか、

家運を賭けて斎藤道三に再嫁することとなり、というものもある。これでは、光秀と帰蝶が異父兄弟になってしまう。

この辺から『綿考輯録《めんこうしゅうろく》』（『細川家記』）に、「光秀は、自分は信長の室家（帰蝶）に縁があって、しきりに招かれているが、大禄を与えようとの誘いに、かえって躊躇している」などという記述が出てくるから愕きである。

美濃国守護・土岐頼芸《よりのり》の失政も絡み、やがて斎藤道三が台頭してきて美濃を取り仕切る一大勢力となり、明智城もその傘下に置かれるが、道三は長男の義龍《よしたつ》と反りが合わず、ついには骨肉相食《こつにくあいは》む抗争に展開する。

弘治二年（一五五六）、道三が将兵・騎馬兵併せて百名を連れて狩りをしていた隙を窺い、義龍は弟の孫四郎・喜平治を殺し、稲葉山《いなばやま》城を拠点として父に反旗を翻《ひるがえ》した。道三は抵抗することができず、長良川《ながらがわ》の合戦で討ち死にしてしまう（六十三歳）。

この時明智光安は、道三の恩義に報いるために、明智城に立て籠もって義龍と数カ月戦った。しかし衆寡敵《しゅうかてき》せず、義龍の大軍に「城を枕に討ち死に」を覚悟した光安は、ともに死を覚悟している光秀（当時二十五歳）に、

「お前は土岐の流れを汲む清和源氏の末裔《まつえい》である。武士はただ死ぬことを名誉とせず、耐え忍んで再起を図るべきだ」

と諭《さと》し、自分の子である光春と、甥の光忠《みつただ》を光秀に託した。

仕方なく光安の言うことに従い、光秀の妻である妻木氏とともにその地を遁《のが》れると、諸国を巡り歩いて長崎（福井県丸岡町）に辿り着き、称念寺《しょうねんじ》の住職に知り合いがいたためそこに家族を預けた。

光秀は、それからも多くの国における政治や暮らしについて調べていたが、越前の太守・朝倉左衛門義景に仕えた後、織田信長の招きに応じて家臣となった。つまり光秀は、越前一乗谷《いちじょうたに》の朝倉義景の禄を食《は》む時期があったが、微禄であったといわれている。

●足利義昭と織田信長の間を取り持ったのは誰か

光秀がまだ朝倉義景に仕えていた永禄九年（一五六六）、足利幕府再興を目指す足利義昭一行が朝倉家に流寓《りゅうぐう》した。そして当の朝倉家のみならず上杉謙信や有力大名に対して、「足利義昭公上洛供奉《ぐぶ》」の令を発した。

令を発せられた方はそれぞれの事情があり逡巡するが、なんと光秀が、義昭御側衆筆頭の細川藤孝に織田信長との折衝を申し出て無事に纏め上げたと、巷間《こうかん》ではそういわれている。しかし、私はこの通説を信じない。

時あたかもＮＨＫ大河ドラマ『麒麟がくる』が放映中で（令和二年五月十日現在）、斎藤道三が長男・義龍に討たれ、やがて桶狭間の戦いに向かおうとしている段階だが、この時点で信長と光秀がすでに三回も会っているのは愕きである。

この放映の開始前、何気なくＮＨＫのブログを覗くと、脚本の池端俊策氏が、「信長は、最近の研究で見直されている。保守的かつ中世的な側面の強調。また光秀は、私怨により本能寺で信長を討った『謀叛人』のイメージを覆し、勇猛果敢、かつ理知的な天才・明智光秀を、史料にはほとんど残っていない二十代の青春時代から描写していく」と宣《のたま》っている。

また、年頭の番組発表会で作家の安部龍太郎氏が「史料なしとは、逆に何でもあり」と、仮説が自由自在に創作し得る作家魂？　を吐露していたが、とにもかくにも愕くほどのエピソードの創作、またはとうてい考えられないような主人公たちの邂逅で番組が盛り上がっていくようである。また、足利義昭と織田信長の結びつきに関しても、光秀が大いに実力を発揮して纏め上げていくのであろう。

閑話休題……足利義昭と織田信長の関係を纏めた主役は、あくまでも細川藤孝である。細川藤孝は十二代将軍・足利義晴の落胤《らくいん》とも噂された御仁《ごじん》で、十三代・足利義輝に仕えた将軍側近の御供衆である。

ところが永禄八年（一五六五）五月、義輝が三好三人衆らに暗殺されるや、義輝の実弟で奈良興福寺一乗院門跡だった覚慶《かくけい》を幽閉の身から救い出して還俗させ、義秋（義昭）と改めて各地を流寓しながら、将軍就任のスポンサー捜しをしていたのである。

織田信長研究の第一人者、谷口克広氏の著書によると、

「足利義昭の上洛に関して、優柔不断な朝倉家を見限り、上杉家、織田家に絞り、信長との折衝はこの細川藤孝が担当し（和田惟政が補助）、永禄九年三月以来、しばしば義昭の上使として尾張に行っている。一方、上杉家に対する折衝は、大覚寺義俊がしている。」（『織田信長の外交』祥伝社新書）

また織田信長は永禄二年に上洛して、足利義輝に拝謁している。信長と藤孝はその時に面識があったのである。織田信秀・信長父子は尾張の守護職を目論んでいたのか、朝廷や幕府に近接して莫大な寄進をしている。

やがて紆余曲折の経過を経て藤孝は朝倉義景を見限り、信長に次期将軍候補・義昭上洛の援助を要請し、両者間で上洛が実現したのである。

●信長と光秀の最初の接点

それでは、信長と光秀は一体いつ、どこで逢い見《まみ》えたのであろうか？

『麒麟がくる』では信長の正室・帰蝶の元へ、元・身内風の設定でひょこひょこと顔を出し、いつしかその器量が信長に認められる？　などと描写しているが、もちろんこれは創作劇である。

斎藤道三討死や桶狭間の戦いあたりで、信長と光秀が会えるはずがない。

光秀の歴史上の初見も、前述の通り、永禄十二年正月の「足利義昭・本圀寺襲撃事件」時の防御隊の一人・明智十兵衛である。これまでは信長の家臣としてその護衛に当たっていたと思われてきたが、実はこの時点ではまだ信長の家臣ではなく、足利幕府の奉公衆だったのである。

この「本圀寺襲撃」で手柄を立てた明智十兵衛は、細川藤孝の家臣から義昭の直臣と出世したのであるが、このあたりのことからから探っていきたい。

天正十年（一五八二）六月十八日の『多聞院日記《たもんいんにっき》』で著者・長実房英俊《ちょうじつぼうえいしゅん》が光秀の討ち

死にを知って、

一、惟任日向守ハ十二日勝竜寺ヨリ逃テ、山崎ニテ一揆ニタ、キ殺レ了、首モムクロモ京へ引了云々、浅猿々々、細川ノ兵部太夫カ中間ニテアリシヲ引立引立之、中國ノ名誉ニ信長厚恩ニテ被召遣之、忘大恩致曲事、天命如此、細川ノ兵部《ひょうぶ》太夫《だゆう》カ中間《ちゅうげん》ニテアリシヲ引立之（傍点引用者）

と書いている。「光秀は細川藤孝の中間だったのを、信長に引き立てられたのに恩を忘れ、天命かくのごとし……」と蔑《さげす》む件《くだり》である。

またフロイスの『日本史』でも、「彼はもとより高貴な出ではなく、信長治世の初期には、公方様の邸の一貴人・兵部大輔と称する人に奉公していたのである」とあるから、光秀は細川藤孝の足軽・雑用係りの中間（小者）として仕えていたらしい。

さらに、史料価値は乏しいが医術者といわれ、寛文四年（一六六四）に百歳で没した江村専斎の『老人雑話』でも同様に「明智は細川藤孝の家臣であった」ことが記《しる》されている。

以上の、「光秀は細川藤孝の家臣（中間）であった」を下敷きに整理すると、

一、永禄八年（一五六五）十三代将軍・足利義輝が三好三人衆らに暗殺された。彼等は阿

波系の公方を据え、十四代・足利義栄《よしひで》を興して傀儡《かいらい》政権が誕生する。
二、捲土重来《けんどちょうらい》を期す元・義輝の御側衆筆頭の細川藤孝や和田惟政が中心となって、義輝の実弟・覚慶を次期後継将軍として、有力大名の許を流寓し、十一月に一乗谷の朝倉義景の庇護を受ける。
三、永禄十一年四月十五日、朝倉義景の庇護の下、足利義昭は元服をする。かくして「仮幕府」ながら家臣団の人材不足とその整備のため、細川藤孝に随身していた光秀だが、此処で初めて正式に幕府の「足軽」として登用されたのであろう。
「光源院殿御代当参衆幷足軽以下衆覚」の後半部に、足軽衆として「明智」の名が記されている。表題からすればこの史料は、光源院殿＝足利義輝の時代の将軍の側近を列挙したものということになるはずだが、近年、その後半部が、後に追加されたものであり、具体的には永禄十年（一五六七）二月から、永禄十一年五月までの間に作成されたことが明らかにされた（黒嶋敏『足利義昭の政治構想』）。
四、さらに『続群書類従』所載の『立入佐京之亮入道隆佐記《たていりさきょうのすけにゅうどうりゅうさき》』における、「美濃国住人土岐の随分衆也（将軍の側近衆）明智十兵衛……」とあることからも証左できよう。
五、かくして永禄十一年九月二十六日、足利義昭は織田信長の供奉《ぐぶ》によって堂々と念願の入洛を果たし、晴れて十五代将軍に名乗りを上げる（十四代・足利義栄は阿波に遁れ病没する）。当然、光秀も義昭に従って入洛してその護衛に当たる。
六、翌十二年正月五日、義昭を奉じて入洛した信長がいったん岐阜に帰った隙を突き、三好長逸《ながやす》・三好政康《まさやす》・岩成友通《いわなりともやす》の三好三人衆が本圀寺に陣する義昭を急襲し、光秀も義昭側の護衛として獅子奮迅。その働きが義昭に認められてか、将軍の足軽衆という立場を超えた直臣《じきしん》に直り、その翌月から京都奉行所の文章発給に携わり始めた。二月から四月にかけて光秀は、村井貞勝、丹羽長秀、木下秀吉、朝山日乗《あさやまにちじょう》・中川重政らと連署した文書を発行している。

●光秀は「エリート出向役員」だった

翌元亀元年、光秀に関わる二大案件が生ずる。

ひとつは、同年正月二十三日付で将軍義昭に発せられた『五箇条の通達』である。詳細は次に纏めるが、信長側に朝山日乗、義昭側に明智十兵衛と、光秀の地位が明白されている。

もうひとつは、同年四月二十日の『金ヶ崎退《の》き口《ぐち》』と言われる負け戦である。信長が朝倉義景攻めの際、義弟・浅井長政の裏切りに遭って挟み撃ちの状態に置かれ、「是非に及ばず」と虎口を脱して遁れた件《くだり》であるが、この戦に明智十兵衛として信長の家臣の立場で参戦しているのである。

翌元亀二年九月には比叡山焼き討ちが決行され、獅子奮迅の活躍をした明智十兵衛に、この時志賀郡が与えられ、坂本に城を構える因を造ったのである。

なぜ急に、すなわち正月から四月の間に、義昭の奉公衆から、信長の家臣になってしまったのであろうか?

細川藤孝の奔走で成立した足利義昭と織田信長の新幕府、この路線を円滑に進捗させるために、現代的に言えば、幕府側から信長側に派遣されたエリート出向役員が光秀であり、光秀は幕府側の「申し次」（外交官）として機能していたのであろう。

つまり光秀は、当初は幕府の禄を食む出向社員であり、それゆえに初期の記録によれば、信長側は光秀を殿扱《どのあつか》いしている。

その一例を挙げると、前述の『五箇条の通達』である。義昭と信長がいつしか不穏な状態になった際に、信長が義昭を糾《ただ》した通達である。信長側の宛名人は「日乗上人」（朝山日乗）であるが、義昭側の宛名人は「明智十兵衛どの」との連名の名義人となっており、しかも光秀には殿書きがしており、足利義昭も袖判を渋々捺《お》している。

●信長と将軍が交わした五箇条の条文を精読すると

その条文をつぶさに読んでみると……

一、諸国へ将軍家として御内書を出す時は、信長に仰せ聞かされ相談して頂けたら、信長もそれに添え状を付け出しますから、無闇《むやみ》勝手に御内書の乱発はおやめ頂きたい。

一、これまでの将軍家の御下知《おんげち》として、勝手に出されたものは一応破棄して白紙に戻し、御考え直しを頂きたい。

一、公儀である将軍（足利義昭）に対して、忠義を尽くした輩に褒美や恩賞を与えるのに、然るべき土地がなければ、言って下されば信長の領分から差し上げも致します。

一、天下の政治を信長に一任されたからには、誰かれの区別せず、また一々将軍家のご意向を聞かなくても、信長がこれを成敗致します。

一、天下を安泰にするためには、禁中の諸公卿の動きに対して油断をされ、これに乗じられたり、煽動されるような事があってはならないと、御留意下されたい。

日乗上人

明智十兵衛どの

以上、もはや幕府の権威など微塵もなく、完全に信長の独擅場《どくせんじょう》たる『五箇条の条文』である。

顧みれば足利義昭は、信長の庇護の下で将軍になったとはいえ、征夷大将軍として、公武統一政権の首長である「室町殿」として、天下国家に号令を発して政治を行うつもりでいた。しかし信長が自分の意のままにならぬことに、大いに不満であった。

一方、信長は個人的信条として、天皇や将軍の権威を一切認めておらず、しかも両者の政治的利用価値については知り尽くしていた。その限りにおいて信長は、天皇や将軍の保護者として振る舞ったのである。

かくして永禄十一年、まさに手に手を取って上洛した両者の蜜月時代も、二年後にはすでに乖離《かいり》の陰りが立ち始めるのである。「五箇条の条文」でも、信長側は信長家臣としての朝山日乗、義昭側は信長側への出向役員ではあるが、義昭側の名義人も兼ねる明智十兵衛となった。

さらに、当初から信長・光秀間では、ただあてがわれた出向役員の関係だけではなく、光秀の資質を信長が自然と見抜いていた。政務・軍事面でもきちんとその役割をこなす光秀を、信長は己が軍団の正式役員として組み入れたかったのであろう。

こうして、いまだ「半官半民」状態ではあったが、その年の比叡山焼き討ちの際に、光秀を信長軍の一武将として任務を負わせたところ、期待通りの戦果を挙げたので、信長が一方的に家臣に組み込み、かつ滋賀郡を恩賞として与えたのである（この辺りまでは明智光秀ではなく、明智十兵衛で通っていたのであろう）。

光秀は、キャパシティー豊富にして、与えられた職務をそつなくこなす優等生タイプである。京都奉行の一員として村井貞勝とともに庶政を組む器量は、信長にも自然と伝わったことであろう。

また、その出所が「細川藤孝の中間（家臣）」と言いながら、『連歌総目録』の永禄十一年の上洛後間もない十一月十五日に、細川藤孝・明智光秀・里村紹巴らが親王及び公卿とともに連歌を巻いた記録がある。いかに「藤孝の中間」また「足軽衆」の光秀とはいえ、錚々《そうそう》たる顔触れに伍して連歌を巻くからには、かの『古今伝授』の細川藤孝の家臣としても、それなりの有職故実《ゆうそくこじつ》に通ずる教養は備えていたはずである。

それゆえにこそ、その光秀の器量を買って、藤孝も己が家臣に連ねたのであろう。

だから『多聞院日記』に書かれた、「光秀は細川藤孝の中間だったのを、信長に引き立てられたのに恩を忘れ……天命かくの如し」と蔑《さげす》む件《くだり》も、「日向守様、御謀叛！」の噂を誤り伝え聞いた長実房英俊の一種の感情の昂ぶりであろう。

この「中間説」も、多少とも割り引かねばならない。つまり当初は中間のような時期もあったであろうが、今ではまさに細川家の筆頭家臣に成長し、藤孝も安心して幕府の奉公衆に組み込むことができたのであろう。

このようにして「藤孝の中間（家臣）」から「足利義昭・仮幕府」の足軽衆として進捗していく明智十兵衛（光秀）の永禄時代の軌跡を見てきた。

●朝倉家に仕えていた可能性を検討する

しかし大河ドラマ『麒麟がくる』では光秀は朝倉家に仕える。通説でいくと、前述の通り斎藤義龍に攻められて明智城は落城、光秀一族は落ちのびて長崎（福井県丸岡町）の称念寺に辿り着き、知己の住職に援けられて門前で寺子屋を立て、苦しい生計のやり繰りをするが、やがて微禄だが朝倉義景に仕えることとなる。

そこに新幕府設立のために足利義昭一行が朝倉義景を頼りに流寓して庇護されるが、今一つ「義昭上洛供奉」に煮え切らない義景に、一行は苦慮の流寓を続けるのである。

ところが義景の家臣である光秀が、なぜか織田信長と知己であり、細川藤孝を介して信長の「上洛供奉《ぐぶ》」を纏め上げるのである。

そこで一部の歴史家・作家諸氏は慌てて、ここで初めて光秀が義昭の足軽衆に推挙されることとなるのである。つまり光秀は前述の通りすでに朝倉義景に仕官しながら、不思議にも足利義昭と織田信長の間を取り持つ。

しかし、すでに「永禄六年諸役人付」とか「立入佐京介入道隆佐記」という確かな史料の存在が明らかなので、それに辻褄を合わせるべく「幕府足軽衆」になったり、もしくはいつの間にか信長の家臣になったりして、とにかく両者のいずれかの家臣として、光秀も上洛するのである。

では一体全体、どこで当主の朝倉義景に辞表を出したのであろうか。誠に訝《いぶか》しい次第である。

しかもその「朝倉家仕官」の謎は続く。

ここに、光秀に関する最高の権威書として永年崇《あが》められてきた高柳光壽《たかやなぎみつとし》著の『明智光秀』がある（吉川弘文館刊）。

高柳氏はまず光秀の父・光綱説に対して多数の系図を挙げて、いずれも信用に値しないことと、「ところで光秀の出身について『明智軍記』を引用するのが普通であるが、この『明智軍記』は誤謬《ごびゅう》充満の悪書であるから、以下は引用しない」旨、厳しく叱責してい

る。そこで、

「光秀の家は土岐の庶流ではあったろうが、光秀が生まれた当時は文献に出てくるほどの家ではなく、光秀が立身出世したことによって明智氏の名が広く世間に知られるに至ったのであり（明智荘のことは知られていたが）、そのことは同時に光秀は秀吉ほどの微賤ではなかったとしても、とにかく低い身分から身を起こしたということでもあったのである。

『校合雑記《きょうごうざつき》』という本には、光秀はもと細川幽斎（藤孝）の徒《かち》のものであり、細川家を出て信長に仕えたが、そのときも徒のものであった。それが信長の気に入り、やがて知行も与えられて疲れ馬一疋の主《ぬし》となり、次第々々に取り立てられ、信長は近江が手に入ると坂本城を築いてこれを光秀に預けて十万石を与え、ついでに丹波一国を加増した。これは例のない君恩である、といっている。この光秀が藤孝の徒のものであった話は、光秀と藤孝との関係が古くからあったということであり、また光秀の身分が低かったことでもある。

しかし徒のものというのは恐らく誤りであろう」

「徒のもの」ほど身分の低い者ではなかったろうが、「藤孝の家中の者」だったことは否定していない。

『細川家記』（『綿考輯録《めんこうしゅうろく》』）に飛ぶと、

「『細川家記』はここで光秀のことを次のように記している。すなわち光秀は清和源氏で土岐《とき》下野守頼兼の後裔《こうえい》であり、代々美濃国に住し、父が同国明智城で戦死したときにそこを逃れ、その後、朝倉義景に仕えて五百貫の地を与えられた。大筒《おおづつ》の妙術を得ていたとという。細川藤孝が越前に滞在していたとき、光秀の方からこれに深く交わった。藤孝は足利家の衰微をなげいて、義昭が諸所に漂泊した始終を語り実情を告げた。これに対して光秀は、いま義昭の昵近衆《じっきんしゅう》の中で、強敵を退けて義昭を京都まで帰すという大功を立てるものは足下に一人である。しかしこの国に留まって朝倉に頼んで功を遂げようとしたとてそれは難しい。織田信長は当代の勇将であり、すでに美濃・尾張を領し近江をも併呑《へいどん》しようとする風がある。自分は信長の室家《しっか》に縁があって頻りに招かれたが、大禄を与えようといわれたのでかえって躊躇《ちゅうちょ》している。貴下は密かに岐阜に赴いて信長を頼むがよろしい、といった。そこで藤孝は自分もそう思うが信長の家中に知人がない。信長に便りを求めるようなことがあったら貴下を頼みたい、といったと記している。この『細川家記』の記事は勿論このままには信用できない。しかしこののち細川・明智両家が関係を結ぶことになるのも、早くから両氏の間に相当な関係があったために相違なく、この藤孝および光秀の関係も全くのでたらめとはいわれないであろう。それにしてもこれらの記事によって、義昭が美濃に移った当時、光秀はすでに信長の部下になっていたことは事実として見てよい。

ところで光秀が越前へ行って朝倉義景に仕えたということであるが、このことについて確証はないが、或いはそれは事実であったかも知れないと思われないでもない」

という、支持滅裂なところまでエスカレートしてしまうのである。（傍点等引用者）

そして結局は、「ところで光秀が越前へ行って朝倉義景に仕えたということであるが、このことについては確証はないが、或いはそれが事実であったかも知れないと思われないではない」と、かつての歴史界の大御所がかく黙認してしまい、「光秀は朝倉義景に仕えた」という説が定説化してしまうのである。

●足利家仕官をめぐる「世紀の大発見」とは？

令和二年元旦放映のNHK『本能寺の変サミット2020』で、この「足利家仕官」を巡って「世紀の大発見」が放映された。

その内容は、熊本県立美術館・寄託の米田文書「米田貞能（求政）筆『針薬方《しんやくほう》』」で、細川家家老の米田良能が永禄九年、光秀本人が語った言葉をそのまま綴った文書との触れ込みで、薬の処方箋の一種が、光秀に関する最も古い文書である。

・明智十兵衛は、近江国高嶋の田中城に籠城していた。
・この『針薬方』は、光秀が田中城に籠城していた際に、口伝《くでん》した内容をまとめたもの。

さらにそれを精査した、一乗谷朝倉氏史跡資料館の学芸員・石川美咲氏が、世紀の大発見と宣《のたま》うのである。すなわち、文書の一文を挙げて、

一、同付け薬　セイソ散　越州朝倉家の薬なり

とある。この「セイソ散」は、芭蕉・黄蘗《きはだ》・スイカズラ・ヤマモモらを調合して造る薬らしいが、「当時最先端の医学だったこの朝倉家秘伝の薬を、光秀は伝授される身分だったので、光秀の前半生は、医者だった可能性がある！」と、さらに宣うのである。

そこでまず素朴な疑問が浮かぶ。土岐の庶流の末裔であり、しかも永禄九年時代にはまだとうてい人の口端《くちは》に上るような身分でもない明智十兵衛に、なぜかくも膨大な文書《もんじょ》が残るのであろうか。

文書自体、録画で散見した程度で深くは理解しがたいが、先に述べた「薬の処方箋」らしく、それゆえに貴重だったのであろうか。

それはそれとして、「光秀が医者だった可能性がある」という世紀の大発見に関して論じていくと、「茶会記」などは多く残っているものの、光秀の後半生で、医者らしき素振りを示した物証はまったくもって皆無である。

土岐の庶流の明智氏であれば、もう一人くらいは、明智姓で医学生らしき人物が朝倉家に関わった可能性があるだろう。それが後々、これ幸いと明智十兵衛にリライトされたのではなかろうか。

●『細川家記』の記述をどこまで信用すべきか

さらに穿《うが》った見方をすると、その文書には同番組出演の、熊本大学永青文庫研究センター長・稲葉継陽氏も関わっているので、当然、『細川家記』(『綿考輯録』)の範囲内にも関わってこようもので、さらに疑わしい。

この『細川家記』は「本能寺の変」の約五十年後の延享三年(一七四六)に熊本藩細川家の正史として編纂された、言うなれば完全な『私家本』である。しかも「細川家の正史」と申し上げたが、藤孝と光秀の因果応報が多く含まれている奇妙な私家本である。

実例として、直前に挙げた高柳氏の『明智光秀』中ほどで、「自分は信長の室家に縁があって」とあるが、この室家が信長の許に嫁《か》した正室濃姫（帰蝶）である。ここから、『国盗り物語』や『麒麟がくる』などが展開して、斎藤道三を中心とした信長・帰蝶・光秀の絡み合いが見られるのである。実は『細川家記』によれば、この段階では信長と光秀は会っておらず、やっと永禄十一年七月の『細川家記』で、「明智光秀は、その重臣の溝尾庄兵衛、三宅藤兵衛ら二十余騎をもって七月十七日に、朝倉の一乗谷から出てきた足利義昭に供奉させ、穴間の谷から若子橋を越え仏ヶ原のとろでは、明智光秀が自分から五百余の私兵を率いて待ち、ここから美濃の立政寺へ二十五日に赴き、二十七日に信長と対面」という記述が出てくる。

そうかと思えば、一番肝心の『多聞院日記』に書かれた、「（光秀は）細川ノ兵部太夫カ中間ニテアリシヲ引立之」の事実を、『細川家記』では徹底的に隠蔽しているのである。この事実が明るみに出ないと、「本能寺の変」の真実が解明できない必須事項なのだが……。

『細川家記』とは、そのような曖昧《あいまい》さにあふれた細川家の私家本なのである。

というわけで、『本能寺の変サミット』所見の「世紀の大発見」も到底肯定できないのである。

ところで、前述の高柳氏がしきりに『明智軍記』は誤謬充満の悪書であると叱責していたが、それは事実である。「間違いだらけの本能寺の変」を糺《ただ》すのであれば、まさにこの『明智軍記』を糺すべきだ。『明智軍記』こそ、「本能寺の変」勃発から百二十年後の江戸中期（松尾芭蕉の没年頃）、突如、「明智光秀一代記」として出版された曰く因縁を持った謎の悪書である。『明智軍記』が『細川家記』を下敷きにして書かれたものであることもご銘記いただきたい。

●光秀は朝倉家には仕官していない

さて、私はこの章の中間部から述べてきたように、光秀は「藤孝の中間（家臣）」から「足利義昭・仮幕府」の足軽衆になったと強く主張したい。すなわち光秀は、朝倉義景には一切仕官していない。ただし、永禄七年の十三代将軍・足利義輝暗殺から端を発して、後継将軍足利義昭を供奉《ぐぶ》する「義昭・仮幕府」一行が、有力大名を頼って各地を流寓し、ついには一乗谷の朝倉義景に庇護されたことは事実である。

当の明智十兵衛も、永禄七年から当初は「藤孝の家臣」として、かつ「義昭の足軽衆」と登用されながら各地を流寓したのである。義昭・仮幕府一行として朝倉家に逗留《とうりゅう》したのも事実であるが、決して朝倉家仕官ではないのである。

信長擁護の「義昭・新幕府」は順調なスタートを切った。光秀も幕府奉公衆としての器量を認められ京都に領地も支給され、かつ幕府側から織田家の出向役員として派遣もされるわけである。

だから初見時は不思議に思っていた、『言継《ときつぐ》卿記』元亀元年二月三十日の記述、

一、信長、岐阜城より上洛し、明智光秀邸を宿所として泊まり、三月一日禁裏へ伺候、

という事実が初めて頷けるのである。当時はまだ「京都ホテル」などとてないが、幕府奉公衆のみならず、すでに信長にも両属していた明智光秀邸に宿泊して、翌日、禁裏に伺候したのである。すなわち光秀は、その当時から信長をはじめ側近衆二、三十人は泊められるほどの大邸宅を京都に構えていたことになる。

かくして七月四日に再度上洛した折にも光秀邸に宿泊し、七日に岐阜に帰っている（実は同じく八月二十三日と九月二十三日にも信長は再上洛して、今度は初めて本能寺に宿泊するのは前述の通りであり、信長の本能寺泊は、生涯で計四回である）。

●光秀は藤孝の家臣だった

「光秀＝藤孝の家臣」説は、恐らく事実であろう。この件《くだり》を記載した『多聞院日記』も良質な日記であって奈良・興福寺一乗寺多聞院の院主・長実房英俊の日記。当代の社会経済史料として珍重されるが、茶の湯にも造詣が深く、茶道研究者にも珍重される。ただし奈良に居住のためか京都に起こった事件に関しては誤報も多いが、事実が判明すると「これはウソ」と訂正する律義さがある。

さらに、信長に四十回近く拝謁している日本通のフロイスによる『日本史』という傍証もあるので、信じるに足ることと思われる。「中間《ちゆうげん》」とか「小者《こもの》」とかは光秀の謀叛と聞いての蔑《さげす》みの言葉であって、永禄十一年には主家の藤孝や錚々《そうそう》たる連中とともに連歌を巻くのだから、藤孝の家臣としてもそれ相当の高い地位にいたことであろう。

●新将軍・足利義昭との間に生じた軋み

一方、永禄十一年に晴れて第十五代将軍に就いた足利義昭と信長の間でも、それぞれの思惑がかなり早い時期から徐々に軋《きし》みだしてくる。

前述の高柳氏は『明智光秀』で、「信長は義昭を奉じて上洛した。そして義昭を将軍職につかせた。けれども京都における勢力を確立すると義昭を追ってしまった。そこには義昭の我儘《わがまま》もあったことは事実であるが、義昭に実権を与えなかった信長の態度も考える必要がある。それは結局は信長は自分が天下の主となろうとしたのであった」と窘《たしな》めているようである。信長は天皇に対しても、いささかも遠慮することもなく、自分の思い通りに振る舞っており、その権威など少しも有難がってはいなかった。

この時期に信長が、天皇や将軍をどのように思っていたかについて、前述のイエズス会宣教師フロイスの証言がある。永禄十二年四月、フロイスは京都での布教を朝廷から許可してもらおうと、岐阜の信長に拝謁した。その折、信長は一行を歓迎して布教を認めた上で、「内裏《だいり》も公方様《くぼうさま》も気にするには及ばぬ。すべては予の権力の下にあり、予の述べることのみを行い、汝も欲するところに居るがよい」と言ったという（『日本史』）。

この義昭・信長間の不穏な流れは光秀とて決して対岸の火事ではない。いつしか光秀は信長の家臣に加えられながら、いまだに義昭の奉公衆でもあるからだ。双方が蜜月関係であれば、光秀の立場は他の誰よりも尊重されたであろうが、一度バランスを失うと、双方から責め立てられ、いわば針の筵《むしろ》に等しい劣悪な環境になってしまう。

たとえば信長指示のある要件が義昭を束縛するものであるとすれば、光秀は両者の路線を円滑に進捗させるために派遣された役員であるから、それが通れば信長側に手を貸したと思われ、義昭側から見た光秀の忠節度が崩壊してしまう。

いつしか、どちらかに正式に属するかを問われる時が来た光秀は、ついに信長の家臣になる道を選んだのである。

●細川藤孝は幕府存続に必死だった

一方、細川藤孝はさらに立場が複雑である。

そもそも細川藤孝は第十三代将軍・足利義輝の御側衆であり、しかも十二代将軍・足利義晴の落胤《らくいん》とも噂されている御仁《ごじん》である。足利義輝の暗殺後、第十五代将軍なるものは和田惟政の協力もあったろうが、自分が艱難辛苦の果てに築き上げたものであり、とにかく藤孝は、自分が手塩にかけた幕府の存続に必死だったのである。

そこで藤孝は、義昭と信長の対立が深まる中で、義昭に信長と事を構える非を懸命に説得していたのであるが、一度は武家の棟梁《とうりよう》たる征夷大将軍として天下国家に号令を発したい義昭は、信長との擁立を断念してむしろ「打倒信長！」の旗印を密かに掲げる。そして上杉謙信や武田信玄などに要請を密かに乱発することとなるのだ。

かくして結局は藤孝の諫言《かんげん》を厭《いと》う義昭が、側近の讒言《ざんげん》も手伝い次第に藤孝を疎《うと》みだす。さらに元亀二年の秋頃、「信長討つべし！」と主張する側近衆の上野秀政と藤孝の大論争になる。藤孝も強硬に反論するも通らず、その後「出仕に及ばず」と幕閣から外された。藤孝も、手塩にかけた「新幕府」を断腸の思いで見限り、信長側に接近するのがこの頃とされているのだ。

これでまた義昭と藤孝間の乖離も決定的になる。かくして義昭が秘かに糸を引く形で、元亀三年の中頃、本願寺を軸として、朝倉義景・浅井長政、反旗を翻《ひるがえ》した松永久秀や三好氏、さらに戦国最強の雄・武田信玄も加わり「信長大包囲網」が形成される。

これに対して信長は九月、今では反信長戦線の仕掛人たる義昭に、『異見十七ヶ条』の条項を送り義昭を厳しく諌《いさ》める。しかし、もはや聞く耳を持たない義昭は武田信玄に強く上洛を要請、信玄も十一月頃から西上作戦の進撃を始め、十二月二十二日に織田・徳川連合軍を東江三方ヶ原《みかたがはら》で破り大勝利を収めるや義昭は欣喜雀躍《きんきじゃくやく》、「打倒信長！」の旗幟《きし》を鮮明にする。

しかし、やんぬるかな、当の武田信玄が翌元亀四年四月に遠征途上に病没してしまい、慌てて中国の毛利氏に軸足を移すが実らず、結局、義昭は紆余曲折《うよきょくせつ》の末、わずか二歳の幼児を、信長に人質として引き渡し、自らは助命されて追放された。

事実上ここで、足利幕府は滅亡したのである。信長とて、さすがに義昭弑逆は不可能だった。朝廷は七月二十八日、信長の奏請により年号を「天正」（一五七三）と改元する。

かくして藤孝は、元亀四年（天正元年）の初め頃に義昭を完全に見限って、義昭の動向を逐一信長に報告する諜報活動を続けた。七月三日、義昭は信長に対する最後の兵を挙げたが、この時すでに槙島に籠る義昭の攻撃に参陣しており、これを機に藤孝は、七月十七日付で信長から桂川西（西岡）に知行地を与えられた。正式に信長の家臣になったのであろう。

なおかつ藤孝は、足利氏との関係を一切断つために細川の名字を棄てて、「長岡」に改姓する。そして光秀より遅れること約三年、不可思議な巡り合わせであるが、ともに信長家臣として忠勤に励むこととなるのである。

光秀との一緒の働きを追うと、天正三年（一五七五）八月の越前一向一揆征伐、天正四年四月の本願寺囲攻め、天正五年の雑賀《さいが》攻め、同年十月の松永久秀攻め、天正六年の播磨陣、同年の荒木村重討伐、および丹波・丹後平定戦などで戦陣をともにしている。

特に丹波・丹後の攻略では、常に両者一致して事に当たっている。信長の指令を見ても、しばしば両者に対して協力することが求められている。そして最終的には丹波は光秀が拝領し、丹後は藤孝に与えられたのである。だがその過程で残念ながら藤孝は、光秀の与力《よりき》的（寄騎衆）な側面に組み込まれて、軍事的にも光秀の組下《くみした》に編成されてしまったのである。

すなわちここから藤孝の悲劇が始まるのであるが、それは当然であろう。

片や光秀は高柳光壽氏曰く、「光秀の家は土岐の庶流であったろうが……秀吉程の微賤ではなかったとしても、低い身分から身を起こして……」、藤孝の家臣になったのである。

一方、藤孝は生まれながらにして貴族さながらの足利家庶流であり、『古今伝授』を与《あずか》る名門の出であるとともに諸芸にも秀でて、弓馬は言うに及ばず、和歌・連歌、蹴鞠《けまり》、包丁（料理）、打ち囃子（鼓）など天下一の風流人と言っても決して過言ではない。

そんな藤孝が、かって手塩にかけて築いた義昭幕府を見限って織田家の家臣になり、しかもよりによって、かって主従関係であった光秀の軍団の組下に組み込まれるとは、何たる恥辱であろうか。この不可思議な因果応報の理《ことわり》から、歴史の流れの起承転結もまた不可思議に展開していくのである。

藤孝と光秀のかつての主従関係も、些細な軋《きし》みから歯車の噛み合わせが大き崩れていくように、やがて両者間における因果応報の歴史の噛み合わせが徐々にずれていく。とどのつまり両者間には、拭い去ることができないような乖離、すなわち「歴史は二度と後戻りはできぬ」としか言いようのない非情な論理が、将軍・義昭を介在して、やがて大きく藤孝・光秀間に立ちはだかってしまうのである。

一方信長もこんな軋轢《あつれき》を予期してか、細川藤孝の嫡男・忠興《ただおき》に、光秀の娘・玉（後のガラシャ）を自らが仲介して、天正二年一月に婚約させる。同六年八月、忠興十六歳にて結婚させ、婚姻関係という特殊性をも付加している。しかし、到底藤孝の心には響かなかったのである。つまり両家を結ぶ弥栄《いやさか》も所詮は精神的な乖離の上に結ばれた婚姻関係に過ぎなかったからである。

●かつての部下・光秀の家臣となった藤孝

信長とて家格の差が異なり、しかもかつては主従関係であったことを勘案するならば、藤孝を光秀の上位に据えれば自然だったのである。光秀をあまりにも可愛がり過ぎたのだ。

天正三年、特に譜代の重臣たちと比しても、信長の家臣歴わずか三年目にして坂本に城を持たせたり、かつ九州の名族・惟任《これとう》の名字と、日向守《ひうがのかみ》という官職を願い出て与えている。

ちなみに同時に与えられた丹羽長秀には惟住《これずみ》の名字のみ、木下藤吉郎秀吉には筑前《ちくぜん》守《のかみ》の官職のみ。かくして明智惟任日向守光秀、丹羽惟住長秀、羽柴筑前守秀吉の誕生と相成り、この年十一月に信長は、嫡男・信忠に家督を譲与している。

『織田商事株式会社』の構成は、（天正十年六月一日現在）

・代表取締役会長　織田信長
・取締役社長　織田信忠
・専務取締役　明智惟任日向守光秀（近畿管領軍司令官）
・常務取締役　丹羽惟住長秀（四国方面副軍司令官）
・常務取締役　羽柴筑前守秀吉（中国方面軍司令官）
・取締役　柴田修理亮勝家（北陸方面軍司令官）
・取締役　滝川一益（関東方面軍司令官）

となり、細川藤孝の付け入る隙はなかった（羽柴秀吉は、かっての先輩重臣の丹羽長秀・柴田勝家に取り入り、当該文字を偏諱《へんき》として羽柴秀吉と名乗る）。

かくして近畿管領軍を率いる寄親・明智光秀の組下（寄騎）に組み込まれた細川藤孝には、もはや、光秀とのかっての協調路線は及ぶべくもなく、その後は、自然と羽柴秀吉の

陰謀路線にのめり込んでいった。そうして、

○細川藤孝、吉田兼見、里村紹巴三人で組んだ「親・秀吉路線」を固めていく。

○事変当日細川父子は「信長の喪の服す」として元結《もっとい》を切って剃髪《ていはつ》し、光秀の参陣要請も拒絶して「山崎の合戦」には不戦（中立）（この中立も体裁の良い言い逃れで、実質的には秀吉方への加担と同じである）。

○やがて合戦後の七月十一日、「今度、信長御不慮ニ附いて、比類なき御覚悟持ち頼もしく存じ候」云々という、秀吉から感謝の起請文が送られる。

○さらに七月六日里村紹巴邸で細川藤孝、吉田兼見の三者が会合して「今度の仕合相談了」（今度の仕合せ、あらあら相談しおわんぬ）と語り合った事実（『兼見卿記』）等。

以上を勘案しても、藤孝の秀吉に与《くみ》する蓋然性は動かしがたい。次章の当該部で詳しく述べたい。

また藤孝と吉田兼見の仲も深い。兼見の嫡男・兼治《かねはる》は藤孝の娘を娶《めと》っているのである。すなわち信長の指金で藤孝の嫡男・忠興が光秀の娘を娶っているから、明智光秀・細川藤孝・吉田兼見の三人は、れっきとした姻族関係であった。

明智光秀――娘（玉・ガラシャ）
細川藤孝――忠興（三斎）＝娘（明智光秀の娘）、娘
吉田兼見――兼治＝娘（細川藤孝の娘）

当時の武士階級において姻族関係が強力な戦略手段であったことを勘案するならば、一朝事ある時は、明智家・細川家・吉田家が結束して事に当たるべきであるが、まさにその「一朝事」が出来《しゅったい》したのである（もちろん、吉田兼見は武士ではないが、己が吉田神道の戦略に当たっては武士とほとんど変わらないのである）。

だが結果的に細川藤孝と吉田兼見は秀吉方に与同し、「本能寺の変」を迎えるのである。

●明智光秀の娘婿が開いた茶会が持つ意味

ここにそんな想いとは裏腹に、四月の佳日、明智光秀の女婿である細川忠興（後の三斎）が舅御《しゅうとご》の光秀親子三人（光秀、息子の重五郎、女婿の光満）を招いて茶会を催してい

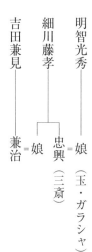

る。

○天正九年四月十二日之朝　長岡与壱郎殿之振舞　（『天王寺屋他会記』）

一、御人数　惟任日向守殿父子三人

長岡兵部太夫殿父子三人

紹巴　宗及　宗二　道是

一、本膳七ツ、二膳五ツ、三膳五ツ、四膳三ツ、五膳三ツ、引物二色、

以上七ノ膳也、菓子むすひ《（結）》花にてかさり《（飾）》、十一種也、

一、御酒半ニ、地蔵行平之太刀、従与一郎殿日向殿へ御進上候也、

同十二日之巳之刻ニ、九世戸へ見物、かさり《（飾）》船にて、丼橋立之文殊にて御振舞有之、

一、俄夕立之雨ふりて、　兵部太夫殿藤孝

夕立のけふハはハや《（刃早）》き切戸哉

一、紹巴ト、日向殿ト、太夫殿ト連歌アリ、

九世戸之松ニなへ松といふ松也、就其ノ発句アリ、

うふる《（植）》てふ松ハ千年のさなえ《（早苗）》哉　光秀

夏山うつす水の見なかミ《（水上）》　藤孝

夕立のあとさりけなき月見へて　紹巴

当時の細川忠興は長岡与一郎と名乗っていて弱冠十九歳。三年前に元服し光秀の娘（玉・ガラシャ）を娶っている。やがて信忠の配下で松永久秀を信貴山に攻め勇名を轟かせ、天正八年、丹後十二万石を与えられ、父の藤孝（長岡兵部太夫）とともに入部して、宮津城を築いた。

雪も溶け、風薫る四月に舅御（光秀）一行を招いての茶会で、連歌師の里村紹巴、『天王寺屋会記』の津田宗及、あの有名な山上宗二、町衆茶人の平野道是も参席。饗応の席では、膳が「七ノ膳」まで出され、菓子も十一種も出される豪華版である。また、酒席の中途で忠興が、舅御に豊後刀鍛冶師・地藏行平が鍛《きた》えた業物《わざもの》の太刀を進呈している。

さらに巳《み》の刻（午前十時頃）に、天橋立《あまのはしだて》の対岸「久世戸《くせと》」を見物のため飾り立てた船を出して、文殊堂（知恩寺）において昼食が振る舞われた。

これには里村紹巴も同席しており、折からの俄か夕立で連歌会が催されて、一段と興じことになるのである。

だが表面上は光秀と固い絆で結ばれてれているであろう細川父子も、「本能寺の変」には、信長に弔意を示して親子共々剃髪をしてしまう。すでに家督を担った忠興は舅御の要請にも応じず、山崎の合戦では筒井順慶と同じく中立の立場をとっての不戦。しかも秀吉とは、光秀に組せずとの誓詞を交わしていたという。

「本能寺の変」を一年前にした細川一家との、束の間の華やいだ茶会だったのである。

第七章　信長と光秀は本当に仲が悪かったのか

●江戸時代の芝居にも使われた有名な文章。その実態は……

ここに、『川角太閤記』の中でももっとも有名な一文がある。

光秀が六月一日、一万三千の兵を率いて京に向けて亀山城を出立し、紫野辺りを打ち過ぎて小休止の折、光秀は五人の重臣を密かに集めて決意を語りだす。

「さて、我が身三千石の折、俄かに三十五万石を頂いたが、（有能な）家臣をあまり持ち合わせず、やむを得ず他家からスカウトしたところ、岐阜において三月三日の節句に、大名・高家《こうけ》の居並ぶ前で叱られ、その後は信濃国の上諏訪《かみすわ》での御折檻《ごせっかん》。またこの度の家康卿御上洛では、安土で御宿を言いつかって御泊めしたところ、御馳走の次第がどうも手を抜いて油断しているようだ、とお叱りを受け、俄かに西国出陣を仰せつけられ……だが御折檻の災いが転じて福となすで、老後の想い出にせめて一夜でもよいから天下人になってみたいと、光秀このほど（謀叛を）決意した次第であるが、皆の者の同意なくば光秀一人で本能寺に討ち入り、腹を切って思い出とする覚悟である。各々《おのおの》いかが、いかが」

涙ながらに訴えると、溝尾内蔵助以下一同、「これは御目出度き御事《おんこと》、明日よりは上様（天下様）と申し承りましょう」と相成るのである。

つまり、突然平課長から取締役に昇進し、有能なスタッフ獲得のための齋藤利三引き抜きを稲葉一鉄《いなばいってつ》から咎《とが》められ、重役会議の席でご折檻を受け、続いて「武田征伐」の帰り上諏訪でもご折檻を受ける。また、「家康饗応」の失態で信長の怒りを買い、秀吉の下で加勢せよとの西国行きを命じられた。災い転じて福となすで、一夜でも良いから老後の想い出としてでも、主君を本能寺で討って天下人に成りたいという次第なのだが、ここがこの『川角太閤記』の一番の聞かせどころで、江戸時代の所作事《しょさごと》のほとんどがこの一節を下敷きにしていると思われる所以である。

たとえば江戸演劇の最《さい》たるものとして、次の二作品が取り上げられよう。

『絵本太功記《えほんたいこうき》・尼崎の段』（寛政十一年、近松柳・近松湖水軒合作）
（明智光秀の謀叛から滅亡までを描いた、全十三段の義太夫狂言の内、十段目）
武智光秀は、小田春長の非道を諫《いさ》めて不興を買い、眉間《みけん》を割られるほど恥辱を受けた。

光秀は謀叛を決意して本能寺で春長を討つが、光秀の母・皐月《さつき》は怒って家出をし、尼崎に閑居する。そして光秀軍は、中国攻めから反転した真柴久吉軍と対戦することになる。やがて母の閑居に、旅僧に身をやつした久吉が訪問。
　また光秀の嫡男・十次郎が許嫁《いいなづけ》の初菊との祝言、そして出陣の決意。さらに久吉を打つべく追ってきた光秀の竹槍が誤って母・皐月を刺しての身代わり死などが展開して、久吉と天目山での決戦を光秀が約す。

『時今也桔梗旗揚《ときはいまききょうのはたあげ》』（文化五年、鶴屋南北作）
　武智光秀は、主君の小田春長から勅使饗応の役を命じられたが、些細な事で春長の怒りを買い、眉間を打たれた末に謹慎を命じられた。
　その後春長は本能寺に宿泊。周囲の取りなしで光秀の目通りを赦したが、馬盥《ばだらい》で酒を飲ましたり、昔の辛苦の時代を嘲《あざけ》ったりした。憤《いきどお》りを抑えた光秀が愛宕山の宿舎に戻るが、春長の上使が訪れ切腹を申し付けた。その時、軍鼓《ぐんこ》の音が響く。愕く上使を斬り捨て、光秀は軍勢を率いて本能寺に向かうのである。
　一方、劇中に出てくる愛宕百韻を巻く連歌会にも出てくるが、光秀の発句《ほっく》「時は今天《あめ》が下しる五月哉」と「時＝土岐《とき》家の末裔」たる解釈から、「時《とき》は今（土岐《とき》源氏の末裔たる私が）天下を下領《したし》る（支配する）五月になったのだ！」という『川角太閤記』の解釈の一端が、この名題「ときはいま、桔梗の旗揚げ」に連動している。

これは、江戸時代中期から現代にまで、永く人口《じんこう》に膾炙《かいしゃ》してきた作品であり、「歌舞伎名作百撰」にも入り、かつ、中村吉右衛門丈の当たり役でもある。このような劇を何度も見せられては、歌舞伎・文楽ファンならずとも、恐らく誰しもが、「信長殺しは、光秀だ！」という歴史的固定観念を、信長の非情さも相まってさらに確信したことであろう。

だが、この『川角太閤記』を注意深く読み下していくと、豊臣秀次に仕えた田中吉政の家臣・川角三郎右衛門が元和年間に纏めたと伝わる物はだいぶ逸脱している。

つまりこれは、あくまでも江戸後期の木版バレン刷りの読本印刷ブームの頃に、当時の大衆作家によってデフォルメされ、さももっともらしく書かれたものであろう。すなわち歴史家が史料として引用する文献にはとうてい値しない当時の黄表紙ものに比べて、硬派出版物に過ぎなかったのである。

また本書の注目すべきは、「相聞こえ申し候」とか「人々申しあへると、承り候事」など聞き書きの痕跡が多々見られるところだ。

ところが大方の作家諸氏は自家薬籠中の物としてこの『川角太閤記』や『明智軍記』などを常備していて、実に巧みに自己の文体に織り込んでいるのである。

たとえば、「私はもうこれ以上の信長は書かない」という書籍広告を掲載した津本陽氏の『覇王の夢』でも、この『川角太閤記』からの描写が実に堂々と引用されているのには愕きである。

もっとも小説とは、信長の生き様の表出、あくまでも作家の創作であって、信長の一つの生き様さえ生々しく描写できれば多少史実を曲げても差し支えなく、『川角太閤記』も作家にとっては掛け替えのないガイドラインになったのである。

●信長・光秀不仲説を象徴する「キンカン頭への折檻」

前章で述べたように、光秀は、当初は「細川藤孝の家臣」明智十兵衛としてスタートした。第十三代将軍・足利義輝暗殺後に、細川藤孝は次期後継将軍候補の「足利義昭・仮幕府」を供奉して各地有力大名の許を流寓した。明智十兵衛も主家藤孝とともに随身した。その途上で、急遽「仮幕府」の足軽衆に登用され、その後足利義昭は晴れて織田信長の供奉の許、将軍に就任。明智十兵衛も幕府側から織田家への派遣重役として順調な出世を見せ、寸時の「足利幕府」盛衰記を重ねて、いつの間にか織田家の筆頭重役に抜擢される軌跡を見てきた次第である。

しかし、この経緯を知らない歴史家・諸作家の描く、信長と光秀との関係には、両者の仲が非常に悪く書かれている。というよりも、光秀が絶えず信長の勘気を蒙《こうむ》り、ご折檻を受けているのである。

特に有名なものが、『川角太閤記』にも記されている「信濃国上諏訪での御折檻」である。

すでに「長篠の戦」で織田軍が武田軍を大破しているので、最早《もはや》昔日の面影もない武田勝頼ではあったが、織田信忠を総大将とした織田軍が天正十年三月十一日、駒飼の山中の要害に立て籠もる武田勝頼を自刃させ、武田家を完全に滅亡させたのである。

この条の『信長公記』では、「三月十八日、信長公は高遠城へ陣を移され、翌十九日には上諏訪の法花寺に陣を据えられた。そこで、各方面の陣の備えをあれこれ仰せつけられたのであった」。

参陣していた主だった武将は、明智光秀はもとより、織田信澄、中川頼兵衛、筒井順慶、高山右近、堀久太郎、蒲生忠三郎、池田勝九郎他、約廿将。以上で『信長公記』は終わるのだが、恐らくここに目を付けた江戸時代の戯作者《げさくしゃ》たちは、「本能寺の変」も間近い折節、この辺で光秀に最後の大鞭《おおむち》を入れるべきと考えたのだろう、次のような展開になる。

「上諏訪・法花寺の陣中」で武田軍御成敗の賀宴の席を設けるが、光秀が不用意に、

「さても諏訪郡の内も皆お味方になり申し、目出度く存じまする。我等も年来骨折りした甲斐が御座った」

と賀意を述べたところ、信長は激怒して、

「こざかしい事を言うな！　お前がどれだけ骨折りをしたと言うのか！　いかなる武辺を立てたと言うのか！　このキンカン頭め！」

と、廊下の欄干の擬宝珠《ぎぼし》に光秀の頭を打ち据えて傷を負わせ、かつ、そのはずみに付け髪（髪文字《かもじ》）までもが飛んでしまい、光秀は万座で、大恥をかくことになるのである。

このシーンは、ドラマ効果が抜群のせいか、「高橋英樹・信長」を筆頭に「利家とまつ」等々、大方の「大河ドラマ」の脚本の一部に組み込まれている。

●『信長公記』には光秀を高評価する表現が存在する

しかし、おかしいではないか。『信長公記』をご覧あれ！
○天正八年、佐久間信盛・信栄親子を追放する際の信長の自筆の冒頭、「一、丹波の国に於ける明智光秀の目覚ましい働きは、よく天下の面目をほどこした」

○さらに遡って天正七年八月、播磨《はりま》の黒井城の攻略で信長から、「長期間にわたって丹波の国に在国し、粉骨砕身《ふんこつさいしん》の活躍による名誉は比類ないものである」
この「粉骨砕身」は「骨折り」よりもさらにグレードアップされたものだから、光秀が「我等も年来骨折りした甲斐が御座った」と言っても決して不自然なものではないし、また信長が激怒する謂《いわ》れもないのである。

ところがそんなことには一切お構いなく、江戸時代の戯作者たちは今や本番（本能寺の変）を前にして、光秀を謀叛に駆り立てた案件の渉猟に必死なのである。

「本能寺の変」には形《かた》がある。作家諸氏と「大河ドラマ」の脚本家諸氏にとっては、信長の残虐な性格をいかに増幅させて、これでもかこれでもかと光秀を虐《いじ》め抜き、また一方、光秀は、信長の過酷なまでの不条理性と御折檻にいかに耐え抜くか、そしていつ光秀は堪忍袋の緒を切って謀叛へと走るのか、が腕の見せ所となるのだ。

また最期に信長が呻くように言う「是非に及ばず」が値千金になって読者諸氏、視聴者の共感を打つのである。だから誰が書いても結局は切口が「金太郎飴」のように一緒になってしまうのだ。

そこで冒頭で申し述べた、NHK『その時歴史が動いた』が生きてくるのである。

「徳川家康饗応の接待役を明智光秀は不興を買い突如罷免され、毛利軍と戦う羽柴秀吉の許に駆けつけて加勢せよと命じられた。そして「丹波・近江は召し上げ、出雲・岩見は切り取り次第」の上意が出される。この理不尽な国替え、そして秀吉の部下にされた屈辱。それは今まで信長に尽くしてきた光秀にとって許しがたい仕打ちであった。そこに信長を亡き者にしようとしていた黒幕がこの光秀の動揺に目を付けて、光秀の肩を押したのである」（二〇〇四年四月二十一日放映。『信長暗殺を命じた男』）

実はかの高柳光壽氏がいみじくも、

「光秀は、なぜ信長に謀叛したのか……光秀は、信長の恩義に感謝こそすれ、信長に叛いて、それを弑逆するなどと言う事は、普通では考えられない事。そこで後世、光秀を論じる人々が、その理由に苦しんだらしい。この事がいろいろと揣摩臆測《しまおくそく》を生む原因に至ったのである……」と述べている。

「否、単なる揣摩臆測ではなく、（先の番組で）松平キャスターに語らせたものが、「本能寺の変」の真実なのだ！」とNHKさんは太鼓判を捺《お》されるのである。

ところがNHKさんの常套句を前述した折に、たとえば「理不尽な国替え」にしても、これは「本能寺の変」から百二十年後に突如出版された『明智軍記』にしか掲載されていないものですよとNHKに申し上げたが、そんなことは一切お構いなしであった。

とにかく「本能寺の変」とは、「明智光秀が主君・織田信長に謀叛して弑逆した事変」と四百三十八年間終始してきたものであるから、前述したように、信長の光秀に対する冷徹・非情さに、光秀がどこまで耐え抜いて堪忍袋の緒がいつ切れるかのせめぎ合いであって、その凄惨《せいさん》さがかえって読者諸氏、視聴者諸氏の共感を呼ぶからか、「主君殺しの悪役」にはならず、「悲劇の英雄《ヒロー》」と印象付けられ、かつ明智ファンも多いのである。

●「一殺多生」という考え方

また、こういう見方も確かに存在する。

すなわち、「一殺多生《いっせつたしょう》」の論理である。

これは明智光秀の菩提寺・西教寺《さいきょうじ》（大津市）で結成されている『明智光秀公顕彰会』の会員の大半の方の論理だとも思う。この論理を私なりに纏めてみると、臨済宗の禅林の書として著名な『碧巌録《へきがんろく》』（圜悟克勤《えんごこくごん》・編纂）の第十二則に【活人剣《かつにんけん》・殺人刀《せつにんとう》】の垂示《すいじ》がある。「殺人刀とは否定の働きであり、奪うこと。活人剣とはその反対の肯定し、与えること。ただし、肯定し与えることが必ず善いとは限らないし、否定することが悪いとも限らない。その時その場で適当に用いていけば、二刀は結局は一刀に帰す。その活殺自在の両刃の剣を自由無垢に使いこなしていくことが禅者の風規、手本である」が本来の悟性なのであるが……。

江戸時代にこれを演繹した大徳寺一五三世譜・沢庵宗彭《たくわんそうほう》が、弟子にして武術家・柳生宗矩《やぎゅうむねのり》に、右の「垂示の理念」を『不動智神妙録』として与えた。

やがて精武の上、柳生宗矩は新陰流《しんかげりゅう》『兵法家伝書《へいほうかでんしょ》』を編《あ》む。宮本武蔵の『五輪書《ごりんのしょ》』と匹敵され得る名著であるが、両書は根本的に異なる。私は剣道家でもあるので、カルチャーセンターで『五輪書』も講義するが、『五輪書』は人を斬るための「ハウツー書」と言い切ってよいと思う。すなわち「殺人刀」が主だが、『兵法家伝書』は『碧巌録』の垂示に見られる「活殺自在の剣」である。

さらに同書「殺人刀」の項で言う。

「武器は不吉な道具である。天道はこれを嫌う。しかし、やむを得ず武器を用いることは、また天道である。(而《しこう》して）兵法は人を斬るだけだと思うのは心得違いである。人を斬るのではない。悪を殺すのである。一人の悪を殺して、万人を活かす計《はか》りごとである。すなわち『一殺多生』である。」

このように「殺人刀《せつにんとう》・活人剣《かつにんけん》」を止揚した活殺自在の剣＝「一殺多生《いっせつたしょう》」の思想は、古くからある。

明智光秀の首塚として有名な京都府亀岡市猪倉の古刹《こさつ》・谷性寺《こくしょうじ》に伝わる『高野春秋《こうやしゅんじゅう》』に、

「信長は比叡山焼き討ち、長嶋一揆、越前一揆、恵林寺の焼き討ち、荒野聖《こうやひじり》千三百八十三人の殺害、和泉槇尾寺の焼き討ちなど大量虐殺をしてきた。数多くの良民を救うためにこの暴虐な覇王を抹殺する剣を振るわなければならない。光秀は、日頃信仰している谷性寺の不動明王に参籠して、高野山南院の本尊『波切不動明王』に密使を立て、『我に一殺多生の剣を授け給え!』と請願し、その功徳を得て見事本懐を遂げたのである」

とある。

かかる論理こそ、前述の西教寺・『明智光秀公顕彰会』会員各位の望むところである。会則の一端にも、「光秀公の事績を正しく広く伝えることを目的として」とある。私も永年会員として参画しながら、「秀吉の陰謀」を主題とした異端な講演会なども試みて誠に申し訳ない仕儀であったが、こればかりはいたしかたない次第である。

●変わりつつある信長像

そう考えていくと、今放映中のＮＨＫ『麒麟がくる』の結末で光秀がいかなる心境で信長を討つのか、とても気になる。ひょっとしたらこの「一殺多生の論理」の轍《てつ》を踏むのではないかとも想像もしている。

実は前述したが、脚本の池端俊策氏が制作発表のブログで、「信長は、最近の研究で見直されている。保守的かつ中世的な側面を強調。また光秀は、私怨により本能寺で信長を討った『謀叛人』のイメージを覆し」云々と書いているのを想い出したからである。

しかも「信長の、保守的かつ中世的な側面を強調」しているという今回の信長役は、確かに異様である。否、決してミスキャスト云々というのではなく、池端氏がどんな信長に、どんな光秀に纏め上げて行くかが愉しみである。

『麒麟がくる』の放映に関しては、出演女優の麻薬保持が発覚して急遽放映前に降板。該当シーンの撮影撮り直しで二週間遅れた穴埋めか、この本能寺の変に関する「大河ドラマ」出演・十六人の光秀役の特集があった。

就中《なかんずく》、『秀吉』における、織田信長（渡哲也）、明智光秀（村上弘明）、羽柴秀吉（竹中直人）、光秀の母（野際陽子）が秀逸として四十分間に纏めて、「八上城《やがみじょう》・光秀の母 磔《はりつけ》事件」と「上諏訪の御折檻」のハイライトが放映された。

まさに「第六天の魔王」を演じる信長の非情・冷酷さが迫真の演技で迫り、それをひたすら耐え忍ぶ光秀の悔しさがにじみ出て、傍らで見ていた家内も思わずもらい泣きする次第であった（二つの事例はいずれも虚構であるのにかかわらず、八上城址に「はりつけ松跡」があるのには愕きである）。

ところがかような信長像はもう古く、今や池端氏のようにイメージが変化してきているらしい。

最近の『読売新聞』の「日本史・アップデート」（令和二年六月二日）に、

【従来説】全国統一のため守旧勢力と戦った信長は、楽市楽座や、長篠の戦いで火縄銃の「三段撃ち」など革新的な政策や戦術を生んだ。業績は豊臣秀吉や徳川家康に受け継がれ、近世を切り開くきっかけを作った。

【最新説】信長は慣習・伝統を重んじた。全国統一を目指したわけではなく、畿内周辺の秩序維持のため室町将軍を支えた。楽市楽座は信長の創出ではない。既成勢力を取り込んだ領国支配など保守的・現実的な政策だった。

信長は、全国統一を目指し、楽市楽座など独創的な政策を打ちだし中世社会のルールを破壊した革新者。織田信長に対して、こうしたイメージを抱く人が少なくないだろう。だが史料再検討の結果、浸透してきたのは、伝統や秩序を重んじ領国を支配しようとした現実的な指導者・信長の姿だ。

信長は一五六七年、美濃（岐阜）の斎藤氏を滅ぼし岐阜城に入ると「天下布武」の印章を使用し始める。翌年、畿内を追われていた足利義昭を奉じて入京し、将軍職につけた。教科書でも一連の流れを、「天下を武力によって治める意志を明らかにした」、「全国統一の第一歩を踏み出した」と説明する。

だが、東京大学史料編纂所の金子拓准教授は、「信長は全国統一を目指していなかったのではないか」と話す。同時代の史料などで「天下」という言葉の使用例を検討した研究によって、天下布武の「天下」は日本全国ではなく、畿内周辺を指すと認識されている。

信長が目指したのは室町将軍が、その支配領域である畿内周辺の平和と秩序を維持する状態だった。その後、義昭を追放することになるが、主体はあくまで将軍で、その将軍を支えることが自身の役割だった——というのである。


だが、いささか異論を挟みたい。まず「岐阜」であるが、この地名は、信長の学問の師であった禅僧・沢彦宗恩《たくげんそうおん》が提案したもので、古代中国の周王朝の祖・古公壇父《ここうたんぽ》が、今の陝西省岐山県曲阜によって国を興し、天下を平定した伝説に基づいているのである。

つまり、「天下平定の基地」という意味であるから、その理念は「天下統一」であろう。

さらにこの「天下布武」の印を使用したのも沢彦の献策によるものであり、武力による天下統一、すなわち「天下統一」を「天下布武」に置き換えたのであろうが、狙いは紛れもなく「天下統一」である。

しかるに『読売新聞』が「信長は全国統一を目指していなかったのではないか」、すなわち「信長の天下布武の天下とは日本全国ではなく、畿内周辺を指し……信長が目指したものは、室町将軍がその支配領域である畿内周辺の平和と秩序を維持する状態」と報じている。

しかし、この説には賛同しかねるのである。

さらに「(その後義昭を追放することになるが)(信長の)主体は、あくまでも将軍で、その将軍を支えることが自身の役割であった」に関してはなおさらである。

仮にそうならば、義昭と信長の蜜月時代に、義昭のたっての要求を入れて信長自身が「副将軍」に就くべきであって、それによって室町将軍を内部からも支えていけたはずである。

しかるに信長はこの副将軍職を蹴って、その代わりに「堺の自治権」を勝ち取っているのである。信長にとっての「副将軍職」などどうでもいいことであり、かねてから欲しかった「堺の自治権」に飛びついたのを見ても、そもそも義昭を供奉《ぐぶ》して上洛し、義昭を将軍に就かせたのも、この「天下布武」達成のための一歩に過ぎなかったのではなかろうか。

すなわち、この「室町将軍」は信長のお飾り、傀儡《かいらい》将軍に過ぎなかったのであり、義昭自身も早くそれに気付き、むしろ信長に添った権力を行使していればよかったのである。しかし、所詮、それは不可能である。義昭は武家の棟梁（征夷大将軍としての）室町殿の権利を振り回したかったのである。そこに自ずと破局が訪れるのは当然である。

●実は信長は、「皇位簒奪《こういさんだつ》」を企てていた！

私の本来の目的は本能寺の変に関する「秀吉の陰謀」が主だったので、信長に関してはこれまであまり言及しておらず、秀吉が蛇蝎《だかつ》のごとく懼れる「信長の呪縛」のみを採り上げてきた。

しかし信長の「天下布武」に関しては、「皇位簒奪」も見逃してはならないと思っている。

「皇位簒奪」とは、天下統一者がその覇業を為すと、いきおい、次の手として触手を伸ばしたいものらしいのである。

ここで、「皇位簒奪」の歴史を振り返ってみよう。

○**蘇我馬子**《そがのうまこ》＝「天皇」に準ずる特権を得た馬子は、「欽明天皇」に姉妹が入内《じゅだい》したことにより、「崇峻天皇」「用明天皇」「推古天皇」のそれぞれの外戚となり、時には天皇位継承を左右するなど権力をほしいままにした。ついには意に添わぬ「崇峻天皇」を堂々と暗殺している。さらに表向きは「推古天皇」「摂政・厩戸皇子《うまやどのみこ》」「大臣《おおおみ》・蘇我馬子」のトロイカ体制のもと、「冠位十二階の制定」「仏教の興隆」「遣唐使の派遣」などの業績を残す。（聖徳太子は、実在しない架空の人物で、藤原不比等らが「理想の天皇」として創造した。実在の厩戸皇子は、マイナーな一皇族に過ぎない。詳しくは中部大学名誉教授・大山誠一氏『《聖徳太子》の誕生』をご参照いただきたい）

○**平清盛**＝太政大臣として人臣の位を極めた清盛の狙いは文字通り、「皇位簒奪」としての「上皇政治」であった。娘・徳子を第八十代・高倉天皇に入内させ、「言仁親王《ときひと》」を得て三歳で「安徳天皇」を即位させた。かくして清盛は上皇政治の実現に向けて突っ走り、「平家に非ずんば、人に非ず」と栄華を極めたが、その平家もやがては翳りを見せて、源氏の武力に追われて「壇ノ浦の戦い」に敗れた。哀れにも孫の安徳天皇は八歳で入水《じゅすい》して海の藻屑として消え、清盛の「皇位簒奪」の夢も平家とともに滅亡したのである。

○室町幕府・第三代将軍・足利義満＝「天位窺窬《てんいきゆ》」という。歴史上、「一番、天皇に成りたかった男」と言われた義満は、あの金色《こんじき》に眩《まばゆ》い金閣寺（鹿苑寺《ろくおんじ》）を建立して迎賓館代わりとし、しかもすでに日本国王の「印璽《いんじ》」を使って外交往来を実現していた。

　足利氏の歴史を振り返ると、時の後醍醐天皇が元弘三年（一三三三）六月、鎌倉幕府を倒して京都に戻り、強力な天皇親政を目指して「建武」と改元するが、足利尊氏と対立してわずか二年半で崩壊。その後を受けて尊氏が建武三年、「建武式目《けんむしきもく》」を制定し、京都に武士による政権が復活したことを宣言して室町幕府が成立。武士による室町幕府は、第三代・足利義満の時代に最も強くなった。第二の平家である。

　また義満はかなりの剛腕の持ち主で、南朝と北朝を統一して幕府の全盛期を築いたり、中国（明）に入貢して勘定貿易を開き、巨万の富を得、幕府の確固たる体制を確立した。明の皇帝から「国王」と認められた義満の、本格的な「天位窺窬」（簒奪）がはじまるのである。

　上皇になろうとした義満は、名目上、将軍職を長男の義持《よしもち》に譲って入道になる。しかし実権は譲らず、溺愛していた次男・義嗣《よしつぐ》を第百代「後小松天皇」の養子として皇籍を継がせるよう奔走し、やがて宮中で義嗣の「元服式」が行われる。

長男・義持を武家の棟梁たる第四代足利将軍に据え、さらに「義嗣天皇（仮称）」とし、義満自身は両者の上に位する「治天の君」として君臨する図式は未曽有ものである。それを虎視眈々《こしたんたん》と狙っていたのだが、長男・義持がそれを赦《ゆる》さなかったのであろうか、偉丈夫で鳴る義満であったが義嗣の元服後のわずか六日後に急逝し、壮大な夢が閉じてしまったのである。毒殺された可能性が高いといわれている。

●安土城のデザインに隠されていた信長「朝廷支配」の意図

天正六年、正二位右大臣および右近衛大将《うこんえのたいしょう》を辞任して以降、信長はもう太政大臣や関白、まして征夷大将軍などまったくその視野になかった。

どうやら信長は、その方法論を変えたのである。天正七年、信長は、誠仁親王の第四皇子「五宮《ごのみや》」（興意親王・三歳）を自分の猶子《ゆうし》とし、将軍追放後の二条第を新装して「二条御所」として献上した。誠仁親王も当然この新邸に住まわれるので、「二条御所」は禁裏の「上御所《かみごしょ》」に対して「下御所《しもごしょ》」と呼称されてきた。

そして信長は二度にわたって、正親町天皇の譲位と誠仁親王の即位を迫り、老練な正親町天皇と丁々発止《ちょうちょうはっし》と鎬《しのぎ》を削り合うのである。

やがては、誠仁親王が皇位に就くであろう。そうすれば猶子の「五宮」は、ポスト誠仁親王として、これもやがては皇位につくことになろう。そうすると「五宮天皇（仮称）」の義父である信長は、「上皇＝治天の君」であり、信長の院政も可能となる。ここで「太政大臣」だった平清盛《たいらのきよもり》に追いつき、追い越すこととなるはずである。

その論拠として、安土城の本丸が、京都の清涼殿とまったく同じに設計されていたことが挙げられる。ただし逆シンメトリー、すなわち左右対称がまったく逆であったことが発掘調査で判明した。また天正十年正月の安土城参賀の折、「御幸《みゆき》の間《ま》」とし明智光秀、松井有閑、千宗易をはじめ堺衆の主だった者たちにも拝観させている。

そしてまず正親町天皇がその天正十年に、（信長が中国征伐〔毛利攻め〕から無事戻り、天下統一の祝いにか）、親しく行幸《ぎょうこう》されることが内定されており、やがては新天皇になった誠仁親王も、頻繁に行幸されるであろうという。

まさに天皇を迎えるための御殿であり、しかもやがて近い将来の「五宮天皇」の御座所にもなり得るわけである。

これで信長の、皇位簒奪の布石が整ったのであり、後は自身が書いたシナリオの結末を待てばよいわけである。

ところがまた別のシナリオが浮上してきた。

信長は天正四年、嫡男・信忠に早々と家督を譲り、「織田商事株式会社」の代表取締役会長に就任している。しかし、信忠は単なる代表権のない取締役社長であるに過ぎない。可愛い信忠に箔《はく》を付けて、「天下布武」の夢を継がせたい。そこで天正九年〜十年辺りから征夷大将軍の宣下を仰ぎ、武家の棟梁として幕府を興させたいと画策していたらしい。当時の千宗易、羽柴秀吉らの書簡（消息文）に見られる「上様」は信長を、「殿様」は信忠を指している。

だが天正十年三月に武田勝頼を討滅し、一段と天下布武の達成に近づいた信長へ「御祝儀」としてか、朝廷から「三職推任《さんしきすいにん》」の話が持ち上がったのである。

かくして同年五月四日、武家伝奏公卿の勧修寺晴豊は女官二人を伴い、勅使として安土城に下向し、「信長を関白か、太政大臣か、征夷大将軍の三職のいずれかに推任するのがよい（正親町天皇が申され候）」と伝えた。

しかし、信長からは何らかの回答さえ得られずに送り返されてしまったのである。ここでの信長は「自分は無官のまま、嫡男信忠が将軍職に推挙されること」がその本意であったと説明されることが多いが、実際の信長は、朝廷と幕府（嫡男信忠）の上に立つ最高権力者になろうとしていたのである。

そこで、第二のシナリオが具現しつつあった。たとえば平清盛の故事を見倣うまでもなく、自分の娘を新天皇（誠仁親王）に入内《じゆだい》させたらどうなるか。だが、信長には格好の娘がいない。残された選択肢としては、嫡男の信忠がいる。そこで三人居られる皇女（内親王）の一人を、次代の武家支配者として新幕府を開設した新将軍・信忠に御降嫁いただきたい。それが実現すれば、やがて生まれてくる御子は、ヽやヽんヽごヽとヽなヽきヽ血脈の皇子である。しかも信長の血を分けた御世継ぎの皇子であり、猶子の「五宮」は、もはや不要になる。またたとえ御子が内親王でも、「女帝」になり得るのである。

天正十年五月に信長は、安土城内に総見寺《そうけんじ》を建立して、盆山《ぼんさん》と称する一個の石を祀り、「予みずからが神である！　予の誕生日を聖日とし、当寺を参詣することを命ず！」とした。五月十二日の信長の誕生日には、諸国・遠方からとうてい信じられないほど多数の人々が同寺に参詣し、多くの怪我人が出るような事故も起きたという。

すなわち、「神」となった信長は、日本の朝廷をも包摂して、世界に類を見ない形態で日本を統治していったことであろう。

十三世紀の元の皇帝・フビライが、高麗王朝の朝鮮を征服し、さらに黄金の国ジパングもその視野に入れ、何回となく元寇《げんこう》を企てたごとく、信長もまた唐国《からくに》（中国「明」・朝鮮半島）を征服して広大な領土を家臣団に分かち与え、日本国は自分の息子たちががっちりと支配することとなったであろう。

一方民衆といえば、悲惨な戦国時代の終焉と、光輝溢れる信長の治世。それが神であろうと覇王であろうと、当時のGNPを増大してくれる信長は、まさに救世主そのものである。また、このような推論が、「五宮」猶子の件と「大陸侵攻」の予定事実を重ねた、信長が日本国統一後意図する未来図なのである。

以上が信長による「皇位簒奪」の概論である。

この成り行きを羽柴秀吉が蛇蝎《だかつ》のごとく嫌って、ついには「秀吉の陰謀」が展開されるわけである。

●信長と「官位」

ここでは、信長の「官位の推移」に改めて注目してみたい。

・永禄十一年、「副将軍」の任官を固辞して、「堺・大津・草津」の奉行権を獲得する。
・天正二年、「従三位参議」に叙任して公卿に列する。
・天正三年、「従三位権大納言」に昇り、「右近衛大将《うこんえのたいしょう》」を兼任する。

・天正四年、「正二位内大臣」に昇進。「右近衛大将」を兼任する。
・天正五年、「従二位右大臣」に進み、「右近衛大将」も兼任する。
・天正六年、「正二位右大臣」に進み、「右近衛大将」も同様に兼任する。
・同年四月、突如、両官位を朝廷に返上。

以後は一切の官職を辞して、「本能寺の変」までの信長は、「前右府《さきのうふ》」と呼称されてきた。

ちなみに右の「官位」は、いずれも「太政官」。律令制で、八省諸司および諸国を総官し、国政も統括する最高機関である。政務審議部門として、左大臣、右大臣、大納言、中納言、少納言、参議、内大臣等、いわゆる公卿。

結局信長は「右大臣」止まりで終わったが、天正九年三月の段階で、朝廷は信長を最高位の「左大臣」に任命しようとした。しかし、「誠仁親王が即位された時にお受けする」と応えた。最終的には『三職推任《さんしきすいにん》』で、「征夷大将軍」か、「太政大臣」か、はたまた「関白」のいずれかに就任されるべきと言うことになるのだ。

信長の「官位」推移の注解をしたい。

まず、上洛して「副将軍」任官を固辞。義昭は将軍として「征夷大将軍」を宣下され、しかも公武統一の首長として、室町幕府を強固な形で再興するために、信長のさらなる後ろ盾を必要とした。なおかつ自分を将軍にしてくれた信長の功績にも酬《むく》いるべく、「副将軍」か「管領」のいずれかについてほしいというのが新将軍のたっての願いだったのだが、信長は一蹴してしまい、その代わりすかさず「堺・大津・草津」の代官権を掌中に収めてしまったのである。

信長は、将軍義昭の要請する、いわゆる「主従制」を徹底的に拒否したのである。これを受け入れれば信長の「天下布武」に疵が付くというか、そのポリシーが半壊してしまう。

繰り返しになるが信長の本音として、義昭供奉という快挙は上洛のための大義名分でしかなく、またその後の将軍も、自分のための傀儡政権に過ぎなかったのである、と前述した。

義昭もおとなしく、自分の置かれている地位に甘んじるべきだ、というのである。

一方、あたかも信長の機嫌を取るかのごとく、毎年確実に官位の頂点に近づけている宮廷の思い入れを、なぜ信長は辞退したのであろうか？

行きつく先は所詮、「太政官」として最高位の「正一位左大臣」である。それでは物足らず、暗にその上の「三職《さんしき》」といわれる「征夷大将軍」、「太政大臣」、「関白」に標準を合わせて朝廷を揺さぶったのであろうか。そして朝廷としても、天下統一間近な織田政権を、どうしても「朝廷との主従関係下」に置いておきたくて、ついに「三職推任」というスペシャルサービスに踏み切ったのであろうか。

「三職」の職分を見ると、

○征夷大将軍

平安初期、蝦夷《えぞ》征伐のために派遣された将軍。延暦十三年（七九四年）、大伴弟麻呂が任命されたのが最初。その後の、坂上田村麻呂が有名。

○太政大臣

律令制では、前述の太政官の最高位にあたる官位。

○関白

政務に関して、天子に奏上する前に特定の権臣が与り、意見を申し上げること。平安時代以降、天皇を補佐して政務を執り行った重職。令外《りょうげ》の官。天慶八年（八八四）、光孝天皇の時、一切の奏文に対して、天皇のご覧に供する前に、藤原不比等基経に関白させたことに始まる。この職を兼ねた者は、太政大臣より上に坐したと言われる。

●突如浮上する「三職推任」案

天正十年四月二十五日（「本能寺の変」の約一カ月前）、信長の京都所司代を勤める村井貞勝を訪れた権中納言・勧修寺晴豊《かじゅうじはれとよ》は、「安土へ女房衆をお下しになって、信長を『関白』か、『太政大臣』か、『征夷大将軍』の三職に推任するのが良いと（正親町天皇が申され候）」と伝えたことを、この日の日記『晴豊公記』に記したのが「三職推任」の始まりである。

かくして五月四日、勧修寺晴豊は女官二人を伴い、勅使として安土城に到着したが、信長は会わず、森乱丸が代わって応対し、「五月六日やっと面謁を赦したが、その席でも信長は格別の奏答もせず、湖上に船三艘を浮かべて勅使の接待はしたが、そのまま一行を大津経由で京都へ送り返している」と、藤井学氏の『本能寺と信長』の文中にある。

勧修寺晴豊は船上の接待で、さだめし色よい返事がもらえると思っていたのだろうが、何のことはない。さっさと大津経由で体よく送り返されてしまったのである。

この「三職推任」に対し信長が即答をしなかったことについて、従来は、提示された「征夷大将軍」が不満だったと解釈されてきた。武田勝頼を討滅し「東国平定」が達成したわけであるから、その主旨に沿う「征夷大将軍」が「三職推任」中、一番然るべきであると、わざわざ誠仁親王の口添えの親書もあり、「征夷大将軍」の任官と幕府の開設を強く勧めたのである。

一方、平家の流れを汲むと自称している織田家にとっては、まさに憧れの的である平清盛と同じ「太政大臣」に大いに食指を動かしたのではなかろうか。

……などととり沙汰されたが、朝廷による「三職推任・大バーゲンセール」を前にしても、信長は決して首を縦に触らない。天正六年、すでにすべての官位を辞退した時から、どうやら信長は、その方法論を変えたのである。

つまり、どうしても信長を「朝廷との主従関係下」に置きたい朝廷と、あくまでもその主従関係の枠に拘束されたくない信長の相剋《そうこく》である。

かくして先人たちの「皇位簒奪」のシステムを学ぶうちに、信長もやがて「足利義満論」に行き着いたのであろう。

猶子にした誠仁親王の第四皇子「五宮天皇（仮称）」ないし新たなシステムで嫡男・信忠に御降嫁願った内親王の御子などによる、自分は天皇をも凌駕する「治天の君」であること、かつ、すでに織田家の棟梁である信忠への「征夷大将軍」宣下《せんげ》で樹立した輝かしい初代織田幕府。この実現に向かって信長はひたすら邁進するのみで、折角の「三職推任」

など、すでに信長の眼中にないわけである。

「天下布武」達成の暁には、織田政権による途轍もなく強固な中央集権国家体制が構築されていたことであろう。

かくして信長は、五層建ての安土城・天守閣で新世代を模索し、天皇は安土城横の地階に設《しつら》えた「清涼殿」で執務される。京都・大坂では、信長の命を奉じる新将軍信忠が天下国家に向けて総号令を懸けている。信長は、朝廷と幕府（嫡男信忠）の上に立つ最高権力者になろうとしていたのである。

●信長と光秀が創り上げた表裏一体の十四年間

私が「本能寺の変」の研究に関わり始めてからずっと不思議に思うのは、信長と光秀の両者間から、不協和音が一切聞こえてこないことであった。それどころか、両者間での奇妙な事実も散見するので興味深い。

たとえば例の『多聞院日記』を見ると、

天正九年八月廿一日

一、……去七日・八日ノ比歟、惟任ノ妹ノ御ツマキ死了、信長一段ノキヨシ也、

向州無比類力落也、

（去る七日か八日に、光秀の〔妻の〕妹、御妻木が亡くなった。信長の一段のお気に入りだった。光秀の落胆ぶりは比類がないほどである）

妹とは光秀の実妹ではなく、妻・熙子の妹であの伝承に出てくる美人姉妹の芳子であろう。「御ツマキ」とあるから、ともに光秀の岳父《がくふ》で土岐《とき》郡妻木《つまき》城主・妻木範熙の娘・熙子・芳子であろう。また「信長一段ノキヨシ」とは「気良し」すなわち「お気に入り」の側室である。信長と光秀は、同じ美人姉妹の熙子と芳子をそれぞれ側室と正室に持った間柄だったのだ。したがって、両者は一段と「仲良し義兄弟？」だったわけでもある。

だが不幸にして光秀の正室・熙子は、天正四年十一月七日に四十二歳で早世してしまう。信長の側室「御ツマキ」も二歳年下の妹として、享年四十五の若さであった。

ところがＮＨＫ『歴史ヒストリア』（令和二年一月八日放映）では、この「御ツマキ」をあろうことか実際の光秀の妹に仕立てている。これは実に愕きである。

そういう前提のもと、光秀の実妹御ツマキはあたかも信長との深閨《しんけい》の間で兄のおねだりを伝えていった。信長＝光秀間は常に円滑であったが、「御ツマキ」早世後は急に冷めて

しまい、今まで円滑だった「四国政策問題」（後述）にしても急にこじれだした。ついには「長宗我部元親追討」にまで展開してしまうのも、この「御ツマキ」早世が一因であるかのごとき推論には実に愕いた次第である。

光秀を謀叛に駆り立てる切り口は、こんな単純なものだったのであろうか。そんなはずはない。ＮＨＫに猛省を促したい。


さて、閑話休題。

信長と光秀が巡り会ってから、本能寺の変で信長が死ぬまでの十四年間は文字通り、信長を語ることとは光秀を語ることであり、光秀を語ることとは同じく信長を語ることである。まさに両者が表裏一体となったアイデンティティ（自己同一性）を持ち、また類《たぐい》まれなほど見事な主従関係でもあった。

以下、その良好な関係を垣間見ていきたい。

○元亀元年（一五七〇）二月三十日、『言継卿記《ときつぎきょうき》』（公卿・山科《やましな》言継）の日記によれば、「信長、岐阜より上洛し、明智光秀邸を宿所となし泊まり、翌三月一日禁裏に伺候」という親密ぶりである。

○元亀二年（一五七一）九月十二日、信長は「比叡山焼き討ち」を決行し、光秀も参戦。その功により光秀に志賀郡が与えられ、やがて光秀は坂本に城を構え、譜代の家臣を差し置き光秀が城持ちの第一号となるのである。

この「比叡山焼き討ち」は、第六天の魔王たる信長の為せる最大の殺戮《さつりく》行為といわれる。しかし、比叡山延暦寺側にも「非」がある。本堂・根本中堂などが焼かれるが、その他の要所には火災の跡はさほどない。むしろ、比叡山延暦寺を騙《かた》って悪徳悪行を重ねる山門山下の悪僧たちの大粛清《だいしゆくせい》であったのだ。

『多聞院日記』にも、「叡山では本尊も拝まれず、燈明は一、三形ばかりに点じているが、経堂も坊舎も一円荒廃しきっているようだ。僧侶達は、おおむね坂本に下山して、乱行不法の限りを尽くしている。この山法師の『浅猿《あさまし》』き破壊振り、まことに悲しむべし、悲しむべし」と憤慨していたほどである。（傍点引用者）

○天正三年（一五七五）七月三日、信長は自分への官位昇進の勅命を固辞する一方、丹羽長秀には「惟住《これずみ》」の名字を、また羽柴秀吉には「筑前守《ちくぜんのかみ》」の官職を請い、特に明智光秀には九州の名族「惟任日向守《これとうひゆうがのかみ》」という名字・官職の両方を朝廷に取り計らっている（光秀は信長に仕えてまだ三年目である)。

○天正四年(一五七六)四月～五月、信長は「石山本願寺攻め」を開始する。西北方に荒木村重、東北方に明智光秀(細川藤孝)、南方を原田直政《はらだなおまさ》に担当させ、石山本願寺を包囲して攻め立てたが、五月三日には有力武将の原田直政ら多数の戦死者が出て敗北を喫し、勢いに乗る本願寺門徒勢は光秀が死守する天王寺砦《てんのうじとりで》を取り囲んだ。

五月五日、明智軍危うしの報を聞くと信長自ら出陣し、七日、天王寺砦の包囲軍に対して兵三千を三段に備えさせ、自ら戦陣の先頭に立ち指揮をとって門徒勢を打ち破り、見事に光秀を救った。

しかも信長は足に鉄砲傷を受けるのだが、まさに光秀救援のための獅子奮迅《ししふんじん》の働きであった。

○同年五月。窮地を脱した光秀は軍容を立て直して摂津に参陣するも、突如、風痢《ふうり》(赤痢《せきり》)を患って急遽京都に戻り、早速信長が手配した名医・曲直瀬道三《まなせどうさん》(正盛《しょうせい》)の治療を受けるのであるが、この間の詳細が『兼見卿記』に見られる。

・廿三日、乙卯、惟日以外所労皈陣、在京也、罷向、道三療治云々、
・廿四日、丙辰、惟日祈念之事自女房衆申来、

すなわち光秀の妻・熙子は、この吉田兼見の吉田神社に赴《おもむ》き、夫の病気平癒の祈願を申し入れているのである。一方、信長は光秀の病状を気遣って、二十六日には隼原《はいばら》新右衛門を見舞いに行かせている。

十二日の『言継卿記』には、「明智十兵衛尉、久風痢ヲ煩、明暁死去」と誤記されたほど重病説が流されていた（傍点引用者）。

さて、何とか治療の甲斐あって光秀は奇跡的に命拾いをして快方に向かったのであるが、今度は日夜献身的に介護を尽くした妻・熙子が十月に患い、十一月七日に病没してしまうのである。

●ビッグイベント「御馬揃え」のプロデューサーを担当することに

○（『天王寺屋他会記』所載の「新年茶会」）

天正六年（一五七八）寅正月十一日朝、　惟任日向守殿會
上様ヨリ拝領ノ八角釜御開也、

小板ニ　ホウアテ（頼當）風爐　八角釜、くさりニ、もつかう釣、
手水間ニ床ニ　牧谿《もつけい》筆　上様ヨリ拝領 椿繪、　（以下、略）

正月十一日、坂本城での「光秀・朝茶会」は、晴れがましくも主君・信長から元旦に拝領した名物「八角釜《はつかくがま》」のお披露目の茶会であった。しかも床には、すでに信長から拝領していた大名物《おおめいぶつ》「椿の繪」（牧谿筆）を掛け、さらにこれまた拝領の「肩衝茶入」と、その「龍の緞子《どんす》の仕服《しふく》」（茶入を収める袋）で点前する豪華さで、さぞや光秀は得意絶頂のことであったろう。

また「振る舞い」（懐石料理）も豪華だが、就中、これまた上様から拝領の「生靍《なまつる》」（鶴で仕込んだ「生靍汁」（鶴のコンソメスープ？）が振る舞われている。千利休の会記（茶会の記録）も含めて、「△汁　鶴」が良く出ており、当時は鶴をよく食したようである。光秀も信長から度々《たびたび》、この「生靍」を下賜されている。

さらに茶会が了《おわ》ると出席者一同（津田宗及、平野道是、銭屋宗訥）に、「白アヤノ小袖、茶ノ織色小袖一重《ひとかさね》」を光秀殿から賜り、これは安土城の上様への御年賀参上の折の着替えにて（早速着替えて）、坂本城内から御座船を仕立てて一同乗り候て、安土城へ御年賀に伺ったという豪華な茶会であった。

またこの後の茶会でも光秀はこの「八角釜」を多用している。

・天正七年（一五七九）卯正月七日、坂本城での朝茶会。

・天正八年（一五八〇）正月九日、同じく坂本城での朝茶会。このときは上様拝領の「生䨺」も出されている。

・同年十二月廿一日、坂本城朝茶会。「一、炉ニ八角釜、くさりに、（吊りて）」

・天正九年正月十一日、坂本城朝茶会。「一、炉ニ八角之釜、少《(小)》くさりニ」

○天正六〜七年、光秀の三人の娘のうち、一人を信長の甥の織田信澄に、またもう一人の「玉《たま》」（ガラシャ）を長岡（細川）忠興に、各々、信長直々の仲介で娶《めと》らせて、光秀を織田軍団最高位の近畿管領軍・軍司令官に遇している。

○天正七年（前述したが）播磨の黒井城の攻略で信長から、「長期間にわたって丹波の国に在国し、粉骨砕身の活躍による名誉は、比類なきものである」と表彰されている。

○天正八年、信長が重臣の佐久間信盛・信栄父子に対して、「一九カ条の折檻書」を与えた。その三条の冒頭で、「一、丹波の国における明智光秀のめざましい働きは、よく天下の面目をほどこした」と、これまた褒《ほ》めちぎっている。

○天正九年（一五八一）二月二十八日、華麗なる『御馬揃え』である。

正月二十三日に、信長公は惟任日向守に命じられ、「京都で馬揃えをするので、各自はできるかぎりの美装を凝《こ》らし、参集するように」と、御朱印状をもって各地に御触れを出された。(『信長公記』)

「かくして御馬揃えのために二月二十八日、信長公は大和・山城・摂津・河内・和泉の五畿内、隣国の大名・小名・御家人を召出されて、駿馬《しゅんめ》を天下から集め御馬を揃えて、天皇の御覧を仰ぐのに備えられた。上京《かみぎょう》の内裏の東側の北から南へかけての八町ばかりに馬場を設け、高さ八尺の柱を馬場の両端に立てて、それを毛織の布で包み、柵を造られた」のである。

朝廷を威圧するこの「織田軍・天覧大観兵式」は華麗なパレードのうちに、粛々と進められた。一方、このビックイベントの総合プロデュースをした惣奉行の明智光秀も三番手で颯爽と入場し万雷の喝采を拍したという、まさに光秀、一世一代の得意絶頂の瞬間であったであろう。

この『御馬揃え』のため上洛して宿所に当てたのが本能寺である。「天正年間たった二回」のこれが一回目であり、最後の二回目は翌十年、「本能寺の変」二日前の五月二十九日となるのである。

●織田政権唯一の軍法書も書き上げた

天正九年六月二日（まさに「本能寺の変」の一年前）に上梓された軍法書、『明智光秀家中軍法』は、明智光秀が精魂込めて書き上げた十八カ条に及ぶ詳細な規定に基づく、織田政権唯一の「緻密な軍法書」である。

この『明智光秀家中軍法書』は、江戸時代の平戸藩主・松浦清山《まつらせいざん》も注目し、「信長の時、明智日向守計《はから》ひとして、知行に応じて人数を定め、行列も極む」「従軍時の規律から、知行高ごとの軍役、武具の置き場所や挨拶に至るまで詳細に決めたもので、光秀という織田政権の重要政策を担った武将によって作り上げられた、他に類を見ないほど優れた「軍法書」である」と、その著書『甲子夜話《かっしやわ》』に記して画期性に着目している。以下、本文の概略を、歴史研究家・福島克彦氏訳から引用させていただく。なお、原本は福知山市・『御《ご》霊神社《りょうじんじゃ》』に現存されている。

一、武者於備場役者之外諸卒高聲幷雑談停止事、
付懸り口其手賦鯨波以下可応下知事、

「武者は備え場（陣地）において、役者以外の諸卒は大きい声をあげたり、雑談してはいけない。付けたり、戦いの取りかかり場面で軍勢配置や鯨波《げいは》（大声を上げて敵を威嚇すること）は下知に従うこと」という文章から始まり、

一、陣夫荷物之軽重京都法度之器物三斗、但遼遠之夫役においてハ可為弐斗五升、其糧一人付て、一日ニ八合宛従領主可下行事、

「陣夫の運搬荷物（食料）の重量については、一人が『京都法度之器物』（京升）で三斗とする。ただし遠方へ向かう場合は、二斗五升とし、一人の食料は一日八合づつを『領主』から支給する」

一、千石ニ甲五羽馬五疋指物拾本鑓拾本のほり弐本鉄炮五挺事、付馬乗一人之着致可准弐人宛事、

「千石の甲《かぶと》をかぶった者五人・馬五疋・指物十本・鑓十本・のぼり二本・鉄炮五挺を出す。付けたり、『馬乗』人の着致は二人分になぞらえる」

一、右、軍役雖定置瓦礫沈淪之輩、剰莫太御人被預下上者、（以下、略）

「右、軍役を定めて置くが、かねてから戦場を経験している者はいわれるまでもないが、未経験者の者は構えて思いめぐらせておかねばならない。そこで私案の条々を外見を顧みず表す次第である。価値が無く落ちぶれた境涯だった自分が、勢を莫大な軍預けられた以上、糺《ただ》されない法度や武勇無効の族は「国家」の費であり、「公務」を掠め取るに等しく、嘲《あざけ》られて苦労を重ねるであろう。そこで群を抜いて粉骨して忠節に励めば、速やかに主君のお耳に達するであろう。すなわち家中の軍法はかくのごとくである」

以上が『明智光秀家中軍法』のさわりである。このような忠実無垢な軍法書を書いたのが「本能寺の変」のきっかり一年前。この時点で光秀は、「信長弑逆」の意志すら持っていなかったことになる。

さらにその三カ月前、前項の「織田軍団に明智光秀在り！」とその名を天下に轟かした「織田軍・天覧大観兵式」の栄誉ある大会委員長でもあってみればなおさらである。

ではあの問題の天正十年六月二日までの間に、一体、いかなる事態が出来《しゅったい》したのだろうか。

「徳川家康饗応の失態」であろうか。はたまた、その責任を問われて、「毛利軍と戦う羽柴秀吉の許に駆けつけて加勢せよ！」と命じられたからであろうか。

否、「丹波・近江は召し上げ、出雲・岩見は切り取り次第」という国替えの理不尽な上意が信長から出されたからであろうか。

これらはすべて虚構で論外なことと退けてきたから、私には光秀の謀叛がまったく理解できないのである。しかも信長と光秀の「仲良し義兄弟？　ごっこ」がまだまだ続くのである。

●本能寺の変一カ月前。信長は依然として光秀を信頼しきっていた

『天王寺屋他会記』

○天正十年　午正月朔日

上様御礼申上候、惣見寺通ニ罷上候、鳥目十疋ツヽ、各持参仕、直ニ
御手へとらせられ候而、忝次第也、
御幸之間おか（拝）見申候、堺衆ハ、宗久・宗易・宗二・宗及・宗薫・此分也、
　惟任日向守殿・宮内法印（松井友閑）一番也、
　和州衆順慶（筒井）なと、箸尾・越知参候、
従　上様、生鶴拝領イタシ候、

「天正十年（午年《うまどし》）正月一日。織田家の大名・小名・連枝《れんし》の人々は、安土城に宿泊して『安土城参賀』の伺候する。『御礼銭百文ずつ各自持参せよ！』と堀久太郎秀政、長谷川竹両人が触れている。（「御幸《みゆき》の間」の拝観料で）信長公は御厩口の入り口立たれ、百文ずつの拝観料を忝《かたじけな》くも直接お受け取りになって御後《おあと》に投げられた。

この「御幸の間」を明智光秀と松井友閑が真っ先に拝見し、その後を堺衆の今井宗久、千宗易、山上宗二、津田宗及・宗薫といった錚々《そうそう》たる面々も拝観している。大和の筒井順慶や箸尾、越知何某《なにがし》も居たとか。さらに光秀は、またまた『生齧《なまつる》』を拝領している」

「御幸の間」とは安土城隣南殿に設《しつ》られた、京都御所「清涼殿」とまごう御座所のことである。「すべて金を散りばめ、どの御座敷にも狩野永徳《かのうえいとく》に命じた名所の写し絵が描かれており、筆舌に言い難いほどです。そこから廊下続きに行くと『御幸の間』で、申すのも畏れ多い一天万乗の帝《みかど》の御座《ぎよざ》で、拝観できることはただただ有難く、この世の思い出となる限りです。正面から二間奥に、天皇の御座と思われる、御簾《みす》の中に一段と高くなった所があり、そこは金で美しく飾られて光り輝くばかりで、薫香《くんこう》が辺り一面に高貴な香りを漂わせ、まことに結構な所でありました」と、『信長公記』は綴るのである。

まさに信長によって造られた、天皇が鎮座ましますこの「御幸の間」は、信長の「皇位《こうい》簒奪《さんだつ》」の筋書き通りの佇《たたず》まいである。

○同正月七日朝、　惟任日向守殿御會　　山上宗二、津田宗及
一、床ニ　上様之御自筆之御書、カケテ、
一、炉ニ　八角之釜
一、床ニ　八重櫻之大壺、アミ(網)カケテ
一、臺子ノ上ニ　長盆　大海、肩衝、袋ニ、　二ツならへて有之、
一、臺子下ニ　ス丶(鈴)ノ蓋置、驛鈴、　（以下、略）

同年正月七日、「光秀の朝茶会」である。しかも床の間に「信長直筆の軸」を掛け、かつ、炉には例の信長拝領の「八角釜」を自慢そうに懸けている。そもそも信長の直筆を掛けることは、家臣たちの中でも他に例を見ないことである。

「会記」に、「八重櫻之大壺」とあるが、大名物と言われる有名な葉茶壺《はちやつぼ》で、

　古《いにし》への奈良の都の八重櫻けふ九重ににほひぬる哉

の歌銘が付いている。当日の出席者の山上宗二が後の『山上宗二記』に、「伊勢大輔の古歌で、この茶壺の形姿・味わいがともに『九重』と『八重櫻』に近いので、二つの茶壺の名が付けられた。葉茶が七斤《しちきん》入る。光秀が死去した時、坂本城で火中に入って焼失して

しまった」と記されている。その葉茶壺を美麗な網を懸けて飾っていたのである。

同年四月廿四日、織田信長が最期に書いた書状は同日付の細川藤孝宛てだが、そこには、「中国攻めには、余の命令次第出陣し、詳しいことは惟任日向守の指令を受けよ」とある。「本能寺の変」一カ月前にも拘らず、未だ信長は光秀を信頼しきっていたのである。

（『永青文庫』蔵）

【徳川家康饗応】

『兼見卿記』に、

「五月十四日、辛未、明日十五日徳川至安土被罷上也、就其各安土へ祇候、云々、徳川逗留安土之間、惟日在庄之儀自信長被仰付、此間用意馳走以外也、」

（十五日に徳川家康一行が安土城へ罷り、信長公にご拝謁。徳川殿安土城在留中の饗応役を、軍事休暇中の光秀が、仰せつかった）

また『信長公記』に、

「五月十五日、家康公は番場を立ち、安土に参着された。『御宿は大宝坊がよかろう』との信長公の仰せがあり、接待役は惟任日向守に命じられた。日向守は京都・堺において珍物を整え、大変素晴らしい御持て成しをいたした。それは十五日から十七日まで三日にわたったことである」とある。

さらに『続群書類従・安土献立』より再現した料理を見ると、本膳・二膳・三膳・四膳・五膳・菓子にわたった豪華な献立に瞠目《どうもく》するばかりである。

ところが『川角太閤記』になると、途端に話が異なる。

「信長公は、御馳走のことを考えすぎたのであろうか、肴などの用意次第をご覧になるために見て回ったところ、夏のこと故準備した生魚が腐ったものだから、門にお入りになると同時に風に乗って悪臭が匂ってきた。その匂いを嗅がれて大変腹を立て」、哀れ光秀は、饗応役を罷免される。さらにその責任を問われて、「毛利軍と戦う羽柴秀吉の許に駆け付けて加勢せよ！」と命じられた、となってしまうのである。

ところが『信長公記』では、

（一方、五月十七日、羽柴秀吉から早馬で、「毛利三軍、五万の兵で来援」の報に接し）「この度このように敵と間近く接したのは、天の与えた良い機会であるから、自ら出兵して、中国の有力な大名どもを討ち果たし、九州まで一気に平定してしまう」とのお考えを持ち、堀久太郎を使者として羽柴筑前守の許へこまごまとした指示を送られた。

そして、「惟任日向守・長岡与一郎・池田勝三郎・中川瀬兵衛らが、まず先陣として出動するように」と命じられた。

そこでこれらの武将たちにただちにおいとまを下された。五月十七日、惟任日向守も（出陣のため饗応役を解かれて）安土城から坂本城に帰城し、その他の人々と同じく本国に帰って、中国出陣の準備にかかったのである（以上、『信長公記』）。

だから、決して「秀吉の許に駆け付けて加勢せよ！」云々ではない。あくまでも信長の御一左右次第（ご一報次第）、すなわち信長が上洛した翌一日、公家衆四十人との拝謁の席で「毛利征伐の出立は六月四日」と宣言しているのである。

そこで、すでに明智軍は坂本勢三千、亀山勢一千五百が一日夕刻には桂川東岸に集結し、二日夕刻着の筒井順慶軍約五千と合流し、近畿管領軍の軍容の一角を改める。

六月四日。織田信長を擁して、向日《むこう》から長岡を経て西宮に出る西国街道を辿《たど》るのが、大軍の移動・補給を勘案すれば最適の道筋である。高槻《たかつき》辺りで摂津衆の中川清秀、高山右近、池田恒興の軍勢を吸収し（細川藤孝軍も追っ付け合流し）、西宮から明石《あかし》方面に出るルートが、万余の軍勢を率いる常道なのである。

以上が、信長＝光秀間の親密さが垣間見られた証左の数々である。

さらに尾張統一のために、信長自らが手にかけた実弟・信行の忘れ形見・信澄を重用し、琵琶湖湖畔に大溝《おおみぞ》城を与え、さらに自らが仲介して光秀の娘をわざわざ娶《めと》らせていると前述した。

しかも光秀の坂本城を、さながら長菱形の扇の要《かなめ》として据え、安土城・長浜城（秀吉）、そしてこの大溝城も加えて、信長の最重要拠点「琵琶湖ウォーターフロント」を形作っていたのである。光秀がいかに信長から、絶大の信用を得ていたかが判ろうものである。

●本能寺の変は光秀の発作的な判断だった？

だが厳然として「本能寺の変」は、明智光秀がその謀叛人とされて起きているのである。そこで強《し》いて二人の不協和音を挙げるとすれば、光秀が四国方面軍司令官を罷免されたことぐらいであろうか。だがこれ一つで「本能寺の変」を決行するには、非常に無理がある。

ところが、この「四国政策原因説」が「本能寺の変」最大の要因であると主張する歴史家が非常に多い。前述したが、令和二年元旦に放映したＮＨＫ『本能寺の変サミット』でも第一位を占めていた。

「四国政策原因説」に関しては、本能寺の変の要因ではないという絡繰《からく》りを次章でとくとご説明する。

「四国政策原因説」とは異なる説もある。私が一貫して主張して来た、『兼見卿記』に見られる事変後十二日間の「光秀の無意味な軌跡」が浸透してきた成果か（拙著『本能寺の変　秀吉の陰謀』）、謀叛に踏み切る動機がなんと、「織田信長が少人数で本能寺入りをしたという情報を知った明智光秀が、咄嗟《とっさ》に、あるいは発作的な判断で、謀叛を思い立った」という頗《すこぶ》る曖昧模糊《あいまいもこ》な説が浮上してきている。

それは『甫庵太閤記《ほあんたいこうき》』（小瀬甫庵）さながらである。光秀の謀叛の動機が『惟任退治記』のような怨恨説ではなく、信長の信賞必罰のポリシーが光秀にとってとかく裏メニューに出がちで、何かにつけ自分に対して厳しすぎる態度が重なる。結局は信長アレルギーから極度の信長ノイローゼに追い込まれ、信長の少数での上洛を知った光秀が、発作的に謀叛を思い付き、謀叛に走ってしまうという説が最近とみに増えているようである。

しかもこともあろうに、令和二年一月八日放映のＮＨＫ『歴史ヒストリア』「もっと知りたい！明智光秀」にもリリースされ、愕いた。

一応は「四国政策原因説」も織り込まれてはいたが、四国方面軍司令官を外された光秀の心境を思い憚《はばか》ってか、国際日本文化研究センター助教・呉座勇一氏曰く、

「信長がもう光秀は要らないと、もう用済だというふうに切り捨てるというところまで考えていたかどうかわかりませんけど、ただ光秀からすると、そう受け取ってもおかしくない状況ですよね。（そこに少数での上洛の報に接して決行を決意し）やっぱり信長だけじゃなくて嫡男信忠も同時に討たないといけない。しかしこの二人を同時に討つというのがそもそも難しいわけですよね。誰も仕組んでないのに、こんなおあつらえ向きの状況がお膳立てされて、さあどうぞ謀叛を起こしてくださいみたいなお膳立がなされるというのは、これは当時の人の感覚からしたら、もう人が、人間ができることじゃなくて、やっぱり神がやった天の配剤であるというふうにとるでしょうね。だからこそ謀叛を起こしたということになるんじゃないですかね」

この呉座氏の語りに腰を抜かして愕くのは、私だけであろうか。こんな薄っぺらな根拠の歴史家を立てて、苟《いやしく》も『歴史ヒストリア』なる番組で光秀の謀叛を正当化する「NHK」自体も、影響力が過分にあるだけに、猛省すべきではなかろうか。

第八章　「四国政策原因説」とは何か？

●「本能寺の変」に迫る一級史料の発見

二〇一四年六月二十三日、NHK「ニュースウオッチ9」の番組中、岡山市・林原美術館で、「四国政策原因説」に絡《から》む一級史料が発見されたとの報道があった。

同館の学芸課長・浅利尚民氏が、「二次史料に書かれていたことの、一次史料が出てきたのではないか」とコメントしていた。また後日、同美術館の公式サイトにも詳細が掲載されており、同館は、文書《もんじょ》四十七点の写真や解説を掲載した資料集を刊行する予定という。

さらに『読売新聞』でも二回ほど詳しく報道され、「室町時代の足利将軍の側近として仕えた石谷家《いしがいけ》に伝わった文書四十七点が、林原美術館（岡山市）と岡山県立博物館（同）の調査で確認された。戦国大名の長宗我部《ちょうそかべ》元親《もとちか》や、明智光秀の重臣・斎藤利三の書状をはじめ、光秀が織田信長を討った本能寺の変の動機などに迫る一級の史料として研究の広がりが期待される」とある。

なかでも、信長の元親征伐軍の派遣に関して、津野倫明・高知大教授は、「元親は、ぎりぎりまで交渉していたが、光秀、利三と共にじりじりと厳しい立場に追い込まれたことがうかがえる。四国説がより有力になった」と指摘する。

「本能寺の変」において有力な原因と考えられるいくつかの説のうち、この「四国政策原因説」が原因であると集約されつつあるがごとき昨今の状況において、この文書の新発見で「いよいよこれで本能寺の変の真相の解明が成るか」と、大方が色めいているようである。

そこで「本能寺の変」研究者の一人として、明智光秀が絡む「四国政策原因説」を徹底的に解明してみたい。

●これまでの「四国政策原因説」のあらまし

天正元年（一五七三）頃、四国では土佐に本拠を置く長宗我部元親と、阿波徳島に本拠を置く三好康長《みよしやすなが》（笑岩《しょうがん》）とが激しく鎬《しのぎ》を削り合っていた。

一方、織田信長もまだ敵に囲まれており四国まで手が回らず、長宗我部氏と結んで勢力を伸ばそうとしていた。いわゆる「遠国融和・近国攻撃」（遠方と交わり、近隣を攻める）のセオリーに従って、天正三年信長は、長宗我部元親に「四国切り取り次第」の朱印状を出した。その取次ぎ（外交）をしたのが明智光秀であり、光秀に頼った元親は、信長に忠誠を誓うことで安心して合戦を続け、四国全土を制覇しかねない勢いを見せていた。

天正八年六月二十六日の『信長公記』にも、

「土佐の国を補佐させせられた長宗我部土佐守（元親）から、惟任日向守の取次ぎで、ご挨拶がわりに鷹十六羽ならびに砂糖三千斤が献上された。そこでお馬廻り衆へその砂糖を下されたのであった」

と記載されているほど、元親は信長に恭順していたのだ。

ところが長宗我部元親によって徳島の城も奪われ逼迫《ひっぱく》した三好康長は、羽柴秀吉の甥である秀次を養子に預かっていた縁で秀吉を頼った。信長に、天下に隠れなき大名物の「三日月の葉茶壺」を進上し、秀吉の口添えで元親を成敗するよう懇願したのだ。

一方、信長も「天下布武」が間近になり、石山本願寺や三好氏の後顧の憂いもなくなった今、秀吉の提案を受け入れて天正九年六月、突然思いもよらぬ命令を元親に発令したのである。
「阿州面《おもて》の事、別して馳走専一に候、」（阿波の支配は三好氏に任せるので、長宗我部氏は、三好氏を援助すること）

阿波は、長宗我部元親が自らの手で勝ち取った領土として得がたい土地である。それを一方的に三好氏に割譲せよとは、到底承服できないことである。信長に忠誠を誓ったのも、領土を保証してもらえると思ったからこそであったのだ。それなのに、ここに来て突然取り上げるとは……。

ところが元親が命令に従わないと見るや、信長は四国侵攻を命じた。すなわち大方の歴史家も書いているが、天正十年五月七日、三男の信孝に与えた「四国國分令《くにわけ》」の朱印状で、

・讃岐は信孝に与える。
・阿波は三好康長に与える。
・残りの伊豫・土佐の両国は、信長が淡路に出馬してから決める。

というものである。その真の狙いは、四国全土の制覇であることは明白だ。しかもその

成り行きに驚く光秀を、信長は四国担当から外してしまったのである。

　このあたりから光秀は、信長の改革に対して疑念と恐怖心を抱き始めたという。これが「本能寺の変」の半年前のことである。光秀とて浅からぬ婚姻関係もさることながら、長年にわたって信長＝元親の取次ぎをしておきながら、ことここにいたって秀吉側に出し抜かれ、織田信孝を総大将とした今回の四国制覇は、思い余る悔しさも多々あったことであろうと強調されるのである（婚姻関係＝斎藤利三と長宗我部元親のことだが、誤説である。後述）。

　加うるに「家康饗応役罷免」と「秀吉の配下で中国攻め」や「理不尽な国替えの上意」などの怨恨の相乗効果が積み重なり、さしもの忠臣・明智光秀も堪忍袋の緒が切れる寸前で信長弑逆を模索していた。その矢先に、重臣・斎藤利三が義弟の長宗我部元親を援けるべく、かつ信長の数々の非道（主君・光秀への度重なる御折檻、また目に余る信長の非情な諸振る舞い）を踏まえて主君・光秀に謀叛の決行を進言した。光秀もこの一言で信長弑逆に踏み切ったのだとする。以上が、「四国政策原因説」に関する今までの一般的な通説である。

●斎藤利三は、長宗我部元親の義兄だったのか?

「四国政策原因説」の一番確かな根拠と言われる『元親記《もとちかき》』に、次の二文が挙げられる。

(泉淳・現代訳『元親記』勉誠社)

○「長宗我部氏は、信長公と御上洛前から交流があった。その取次ぎは明智光秀殿であった。明智殿の身内、斎藤内蔵助は元親にとって小舅である。即ち元親の室は斎藤氏の妹であった。この縁辺により、明智殿を介して信長公とは、元親嫡子彌三郎の実名《じつみょう》の契約が成立した」とあり、偏諱《へんき》として信長から嫡子に「信」の一字を賜り「信親《のぶちか》」になる件《くだり》である。この辺りから「利三義兄説」が一般化されたのであろう。

○「斎藤内蔵助は四国のことを気づかってか、明智謀叛の戦いを差し急いだ」唐突に出て来るこの一文を金科玉条として、「四国政策原因説」が成立している。ただしこの『元親記』は、長宗我部元親の側近だった高島孫右衛門が、元親の三十三回忌に当たる嘉永八年(一六三一)五月に元親を偲んで、事変から四十九年後に書かれた一種の回顧録であって、信憑性は極めて乏しい二次史料以下のものであると言わざるを得ないのである)。(『元親記』文中の

傍線引用者）

さて、この「義兄関係」を確かめるために、齋藤利三周辺の人脈を整理してみると、

○明智光秀＝織田信長の重臣。坂本城主。
○齋藤利三＝明智光秀の重臣。母が光秀の姉か妹という説があるが、事実ではない。
○石谷《いしがい》頼辰《よりとき》＝利三の実兄。石谷光政の長女の入り婿となる。
○石谷光政《みつまさ》＝幕府御側衆。頼辰を長女の入り婿に迎え、次女を長宗我部元親に嫁がす。
○長宗我部元親＝光政の次女を正室に。また頼辰の娘を信親《のぶちか》の正室に迎える。

この関連から見れば、利三は元親の義兄などでは到底ない。

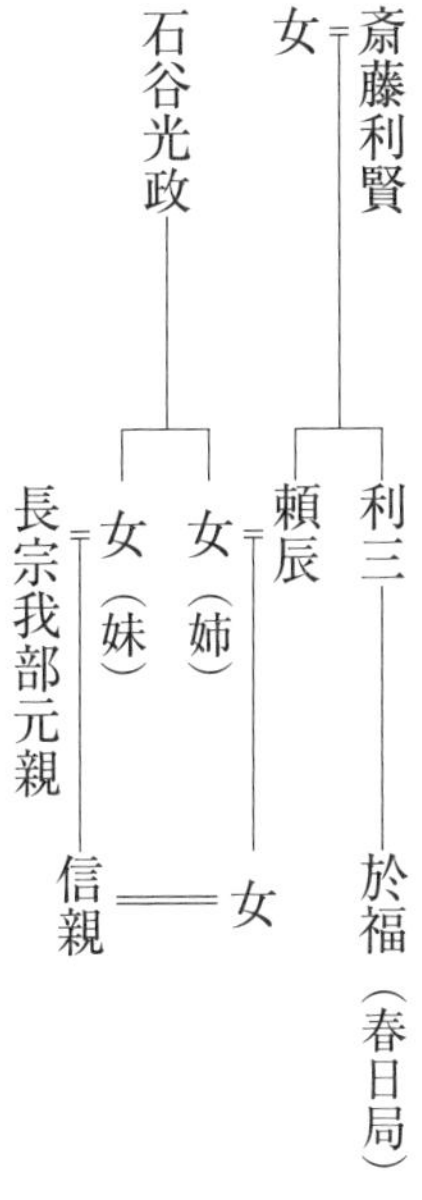

すなわち「利三の実兄〈頼辰〉の妻の妹が元親の正室になった」のであって、利三と元親とは姻戚関係、つまり姻族ではないのだ。心情的には利三の実兄の妻〈義姉〉の妹だが、すでに義妹とは言えず、「何とも表現できない関係である」と、これは東京都港区役所の戸籍係りの方に尋ねたときに、そう言われたのである。

それはともかく、利三が元親の義兄であるためには、利三の実妹が元親の正室にならねばならない。だから先述の高島孫右衛門編纂の『元親記』の記述が間違っていることになる。しかもはっきりと利三を「小舅《こじゅうと》」と書いている。つまりそれほど親しい間柄であったことを強調したかったのであろう。

むしろ実兄の石谷頼辰の方が、自分の妻の妹〈義妹〉が元親の正室となり、しかも自分の娘が元親の嫡子・信親の正室になるので、この頼辰こそ元親の義兄に近くなり、かつ嫡子・信親の舅である。

もっともこの石谷頼辰は、実弟の齋藤利三に比べて「本能寺の変」史上まったく無名の存在で、歴史家・作家諸氏はほとんど彼のことを触れなかったのであるが、今回の『石谷家文書』の発見で、一躍、脚光を浴びる存在になった。

頼辰も幕府の御用人「外様詰衆《とざまつめしゅう》」で、石谷光政に見込まれて入り婿になったくらいであるから、かなりの利《き》れ者であったのであろう。

だが永禄八年五月、十三代将軍足利義輝がいわゆる「三好三人衆」によって暗殺され、彼らの傀儡《かいらい》政権として後の十四代将軍になる阿波公方《あわくぼう》・足利義栄《よしひで》を担ぎ出した時、頼辰はその勝ち馬に与《くみ》してしまったのである。

やがて前将軍・義輝の実弟で奈良興福寺・一乗院門跡・覚慶《かくけい》は、その監視下から細川藤孝らの手で救い出され、還俗して善秋（義昭）を名乗り、越前一乗ヵ谷（朝倉義景）などに流寓して庇護され、結局は織田信長の力を得て上洛し、十五代将軍となるのである。

一方、その短期間に足利義栄に出仕した頼辰は、永禄十一年、足利義昭（そして織田信長）の上洛でその職を追われ、義栄も病死し、以降は明智光秀の許に庇護され、蔭で光秀に出仕したのである。

ところが長宗我部元親にも厚遇され、事変後は土佐にあって元親に仕えた。しかし、後年（天正十四年）、羽柴秀吉の「島津征伐」を強《し》いられた長宗我部元親は、豊後「戸次川《へつぎかわ》合戦」の激戦のさなかに嫡子・信親と、家臣になっていた石谷頼辰を同時に討死にで失ってしまう。元親をして、失意のどん底に陥し入れる結果となる。

齋藤利三が義弟であるがゆえに長宗我部元親を援けるべく、主君・明智光秀に進言するという「齋藤利三煽動説《せんどうせつ》」は、条理にかなわないことになるのである。

●『石谷家文書』をめぐる疑問

まずここにおいて明確にしておきたいのだが、私は数ある「本能寺の変」原因説の中で一貫して【明智光秀冤罪《えんざい》・羽柴秀吉陰謀説】を主張する者である。

しかし、この項で論じるのは、私の持論を演繹することではない。あくまでも林原美術発見された館蔵古文書『石谷家文書』中の当該文書（書状）二通が、【「本能寺の変」における「四国政策原因説」】を裏付けるにたる史料であり得るか否かを明確にしておきたい。

問題の『石谷家文書』の二通の書状であるが、「同美術館公式サイト」発表、および「NHK特別報道」や「読売新聞」紙上などから推論してみると、一通目は斎藤利三が天正十年一月十一日に、空然《くうねん》（石谷光政）に宛てたもので、「頼辰を派遣する旨を伝えると同時に、空然に元親の軽挙を抑えるように依頼したもの」とあった。

空然も足利義昭上洛後、度々、元親の許に身を寄せているので、頼辰と同様に足利義栄幕府に鞍替えしていて、その後元親の正室の岳父として庇護されていたのであろう。

二通目は、長宗我部元親が熟慮の末軽挙を慎んでか「本能寺の変」間近の同年五月二十一日付きの利三宛てで、「甲州征伐から信長が帰ってきたら、（多少の条件を請うて（註））その指示に従いたい」と記している。つまり、信長に恭順の意を示す内容だったのである（註）＝海部城・大西城は土佐国の門（入口）にあたる場所だから、このまま所持したい）。

これで明らかなように、明智光秀・斎藤利三主従にとって、長宗我部元親への度重なる説得が功を奏し、後は光秀による織田信長への懐柔策に賭けたことであろう。この主従の間には、間違いなく一抹の明るさ、安堵感があったはずである。

だが、ここでもう一つの問題が提起されよう。すなわち、事変まで十日間しかない瀬戸際であるから、はたして信長懐柔策が功を奏したかはまったく定かではない。

しかも四国土佐から、利三が居る京都周辺までの距離である。

たとえば講談による『忠臣蔵』では、浅野内匠守の殿中刃傷・即切腹の報が、江戸から赤穂まで約七百キロを「通し駕籠で三日半」と喧伝している。

幸いまだ毛利軍とは非戦闘的状況であり、かつ毛利水軍の制海権もなく、まして謀叛を企てる密書（書状）でもなく、むしろ白旗を掲げた降伏の書状でもあるから、比較的スムーズに使者が動けたことであろう。それでも、何せ四国土佐から京都までの距離である。

そこで状況結果として、次の二つの可能性が考えられる。

・斎藤利三が何とか期間内に長宗我部元親から書状を受け取り、明智光秀が急遽、織田信長に懐柔策を言上し（その結果はともかく）、とにかく元親恭順の意を汲み取れた。

・六月一日までに元親の書状が利三に届かず、かねてから計画中の「斎藤利三煽動説」により、翌二日早暁、明智光秀は本能寺襲撃を実行した。

大方の歴史家は、元親が恭順の意を表しながらも書状が物理的に間に合わないという、後者の説に傾くのではないだろうか。その代表が桐野作人氏の「斎藤利三煽動説」である。

●斎藤利三の不可解な行動

ところがここに、実に不可解な問題が生じてくるのである。すなわち「本能寺の変」勃発後、明智光秀・斎藤利三主従が取った軍事行動である。

本当に「光秀と利三の謀叛」であるのならば、当の利三が先頭に立っていち早く、織田信孝率いる「四国方面軍」の副将であり、光秀の娘婿でもある津田（織田）信澄とも相謀《あいはか》り、織田信孝・丹羽長秀などを討ち取り、かつ長宗我部元親とも呼応して毛利軍とも与同させて、羽柴秀吉軍を挟撃すべきではないだろうか。

津田信澄は信長の甥、すなわち信長が自らの手で暗殺した実弟・勘十郎信勝（信行）の忘れ形見であり、その後信長の命により、柴田勝家の下で養育されたといわれている。

やがて天正四、五年頃、信長の命で明智光秀の娘を娶るのであって、「一段の逸物也（多聞院日記）」とある一方、「異常なほど残酷で暴君（フロイス・日本史）」との評価も伝わっている。

ところが、「四国征伐を食い止めるために、長宗我部元親の義兄である斎藤利三が、主君の日向守光秀を唆《そその》かして謀叛に及んだらしい」という噂が大阪城内に流れて来る。事変後、四国征伐を中止していた織田信孝と丹羽長秀が、同じ副大将の津田信澄を「光秀の娘婿であり、しかも上様に叛いた信勝の忘れ形見ゆえ、危険だから早いところ始末してしまおう！」と相謀って、同じ城内にいた信澄を弑逆、憐れ信澄の首は堺に晒されてしまったのである。

つまり光秀は信澄を事変に与同させるどころか、完全に見殺しにしてしまっている。通説の「光秀謀叛」だとしたら、到底考えられないことである。

しかもこの時点で明智軍（近畿管領軍）は織田信長に率いられて、備中高松で苦戦中の羽柴秀吉軍の加勢に赴く役目である。本能寺襲撃以前でも、齋藤利三隊が先発隊という名目で山陽道を進軍しても危ぶむ者はいなかったはずで、長宗我部軍といくらでもコンタクトできるチャンスはあった。

まさか利三が、元親に何の連絡もなかったわけではあるまい。

ところが肝心の利三は、あろうことか光秀ともども六月三日から五日にかけて近江平定に精力を注ぐ。そして五日には秀吉の本拠地・長浜城を陥れ、なんとそこに入城している始末である。

桐野説を推進するのであれば、こんなところでマゴマゴしている場合ではないのである。

しかも「山崎の合戦」で敗退後、堅田に潜んでいた利三は生け捕りにされ、市中引き廻しの上、斬首されてしまうのである。

つまり、利三と元親が与同した形跡がまったく見当たらないのである。

これでは、桐野作人氏が主唱する「光秀と利三を謀叛に駆り立てたもの」の存在根拠が一切成り立たなくなるのではなかろうか。

●翻意されていた「四国政策問題説」

ではなぜ、当の長宗我部元親も実際には動かなかったのか。

そこで元親の末弟・親房《ちかふさ》から十七代目の当主である長宗我部友親《ともちか》氏の著書『長宗我部』（バリジコ刊）から引用する。

『元親記』には、「斎藤内蔵助（利三）は四国のことをきづかってか、明智謀叛の戦いを差し急いだ」とある。これは明智光秀とその参謀格である齋藤利三が、四国の元親のことを考慮して謀叛の決行を急いだ、ということである。この記述をそのまま信ずることはできない。しかし、結果的に元親は光秀に助けられたのである。

私に言わせれば、事変後に肝心の利三と元親との間に何らの脈絡（与同）もなかったのだから、むしろ本能寺を急襲した羽柴秀吉の手の内に助けられたことになる。

一方、この知らせを受けた元親の嫡男・信親《のぶちか》は、海部城に手勢を集めて入り、この際一気に勝瑞《しょうずい》城を攻め落とす態勢をとった。そして、元親の命令を待った。好機到来とばかりに「本格的な攻め」を元親に強く進言したのである。ところが、このときの元親の動きは不可解であった。岡豊城にいた元親はなぜかかたくなに動こうとはしなかったのだ。

血気にはやる信親と元親の弟・香宗我部《こうそがべ》親房ら重臣に時期を待つようにとどめている。四国内の攻撃はおろか、明らかに光秀・利三対元親の間には、「本能寺の変」勃発後も何らの与同、すなわち脈絡が一切見られなかったことになるのだ。

以上が、拙著『本能寺の変・秀吉の陰謀』出版の平成二十五年頃のもので、さらに平成二十七年に同著を文庫に改訂する折、林原美術館発見の『石谷家文書』も間に合い、併せて論及した次第である。

桐野氏の著作『だれが信長を殺したのか』（PHP新書）の帯にある「本能寺の変の仕掛人、齋藤利三」云々も、勢い的外れにならざるを得ないのでは、と申し上げたのである。

ところが本年（令和二年三月）に桐野氏が、『明智光秀と齋藤利三』（宝島社新書）を新たに出版され、その内容が一変してしまったのである。すなわち、次のような主張になっている。

・光秀・利三は元親の恭順姿勢を知らなかった。当時、上方《かみがた》と土佐の往復は物理的な距離だけではなく他の困難も伴った。長宗我部元親の天正五月二十一日付の齋藤利三宛ての書状は、事変（六月二日）の十日前である。
・したがって光秀・利三は元親の態度が軟化したことや信長への再服属の表明を知らないまま政変に突入したということである。つまり、光秀が本能寺の変を決断した時に考慮に入れたであろう四国情勢、とりわけ元親の動向については、元親が信長朱印（阿波から全面撤退命令）に従わず反発しているという認識のままで、情報が更新されていなかったということである。四国問題が光秀の謀叛決行の決定的な要因だというのは難しいが、謀叛後に元親の支持を調達できるという判断材料にはなったのではないだろうか。

このように、桐野氏は今までの主唱を翻意するとともに、「本能寺の変」実行の真相を次の二点に絞っている。

・信長の「光秀・密室折檻事件」＝フロイス『日本史』５第五六章より
「これらの催し事（家康の接待）の準備について、信長はある密室において明智と語っていたが、元来、逆上しやすく、自らの命令に対して反対（意見）が言われることに堪えられない性質であったので、人人が語るところによれば、彼の好みに合わぬ要件で、明智が言葉を返すと、信長は立ち上がり、怒りをこめ、一度か二度、明智を足蹴にしたということである。だがそれは密《ひそ》かになされたことであり、二人だけの間での出来事だったので、後々まで民衆の噂に残ることはなかった」
・信長の「光秀・折檻事件」＝『稲葉家譜《かふ》』巻之四より
「この年（天正十年）那波和泉直治《なんばいずみなおはる》が稲葉家を去って光秀に仕えた。光秀はこれを厚く遇した。稲葉一鉄が大いに怒って、先に斎藤利三（これに先立ち、光秀に従う）を招くのみならず、今度は直治まで招いたとして、光秀を信長に訴えた。信長は光秀に命じて、直治を一鉄に返還させた。そのうえで利三に自害を命じた。そのとき、猪子兵介《いのこひょうすけ》（高就《たかなり》）が光秀のために取り成したので、利三は死を免れて元のように光秀に仕えることになった。しかし、信長は光秀が法に背いたのを怒って呼びつけると、譴責《けんせき》して自らの手で光秀の頭を二、三度叩いた。光秀は髪が薄かったので、常に付け髪を用いていた。このとき、それを打ち落とされ、光秀は（信長の仕打ちを）深く含むところがあった。（光秀の）反逆の根源はここに起因する。すでに直治は濃州《のうしゅう》に帰り、元のように一鉄に仕えた」

以上、桐野氏の新著からの文体で引用したが、「本能寺の変」の真相は右記「二つの折檻事件」が直接の引き金であるとする。さらに桐野氏の新著の帯書に、「政変の決断はわずか3日前だった！」とある。もちろん、ここでの「政変」は本能寺の変を指す。

「わずか3日前」といえば、「信長がごくわずかな取り巻きでの上洛」と知った光秀が、信長に指令された「羽柴軍に加勢するために備中入りの準備・道程中に決意した」という、前章の『歴史ヒストリア』の呉座勇一氏さながらの「光秀突発説」となる次第である。

しかも、「四国問題が光秀の謀叛決行の決定的な要因ではなかった」という訂正文ではなく、「四国問題が光秀の謀叛決行の決定的な要因だというのは難しいが」と一応は断っておきながらいまだにその蓋然性を含ませ、かつ前述の「二つの折檻事件」をメインテーマとして、帯書に、「信長殺しの真相がついにわかった!」に置き換えているのである。

●過大評価されていた石谷家文書

さて、『石谷家文書』に関して桐野氏は二通の書状とその他も、さすがに深く読み解かれているので、ご指導を請うた次第である(読者諸氏は私の怠惰を叱責されようが、当初から「四国政策原因説」は私の史観の埒外であり、二通の要点解釈で充分だったのだ)。

桐野氏を始め二、三の方のご指導を仰ぎ『石谷家文書』を拝読すると、従来の説では、

・信長が突如方針を転じて、伊予・讃岐を収公し、阿波南半国だけを土佐に添えて元親に与えると命じたという。

・当然のことながら元親が、「四国の儀は自分の実力で切り取ったものであり、信長の御恩ではない。予想外の仰せで驚いている」と答えて信長の命令を拒絶した。

・そこで取次ぎの光秀が、頼辰を土佐に派遣して説得に努めたが、元親はこれに応じなかった。

・かくして前述の『石谷家文書』第一通のごとく、「空然（石谷光政）に婿の頼辰を派遣するから、元親の軽挙を抑えるように依頼した」（天正十年一月十一日付）
・熟慮した元親が、子細な条件を託して恭順の姿勢を見せるに至るのである。
・つまり光秀・利三主従は、
尚々、御朱印の趣も元親の御ために然るべく候、向後までも、惟日如在を存ずるべからずの由申され候間、行く行くは静穏の筋目のたるべく候、以上、

（利三は、信長朱印状の趣旨は元親のため当然だから、今後も光秀は（元親を）粗略にしないと申されているので、これから先は静穏にしておいたほうが身のためである）

と言うのである。

以上を読んで私が再度確認したのは、本来からいわれていた『元親記』の金科玉条、すなわち「斎藤内蔵助は四国のことを気づかってか、明智謀叛の戦いを差し急いだ」という高島孫右衛門の記述が、やはり虚構だったということである。

『元親記』は長宗我部元親の側近だった高島孫右衛門が、元親の三十三回忌に当たる寛永八年五月に、元親を偲んで事変から四十九年後に纏められた一種の回顧録であり、二次史料以下の物と前述している。

ところがこの「四国問題」はこの一文によって、しかも「斉藤内蔵助は元親にとって小

舅である。即ち元親の室は斎藤氏の妹であった」という情報が付加されて、長い間振り回されてきたのである。

すなわち斎藤利三の妹の嫁ぎ先である長宗我部元親が織田信長から突然、理不尽な朱印状を突き付けられ、それによって元親が逡巡の意を示すや否や、即、「元親征伐」の命が下された。

まさに、風前の灯火《ともしび》たる義弟・元親を援けるべく利三は暗躍する……といった構図が専《もっぱ》らだったのである。

だが明らかにされた『石谷家文書』では、「信長の理不尽な朱印状、元親の反発・逡巡、信長による元親征伐命令、光秀・利三による短慮の慰撫《いぶ》、元親熟慮の末の信長への恭順」と落ち着くのである。

これで明白になったように、信長の「理不尽な朱印状」についても、光秀・利三・元親の三者間では謀叛に関する与同の関与が皆無だったことが裏打ちされよう。

冒頭の『読売新聞』の記事中に触れたように、高知大教授・津野倫明氏は「元親は、ぎりぎりまで交渉していたが、光秀・利三と共にじりじりと厳しい立場に追い込まれたことがうかがわれる。四国説がより有力になった」と指摘しているが、これもいささか的外れと言わざるを得ないのである。

●「仏の嘘は方便・武士の嘘は武略と言う」

光秀は、この「四国征伐」に関する認識をどう抱いていたのであろうか。

江村専斉が書き残した『老人雑話』には、光秀が記《しる》したとされたあの有名な箴言《しんげん》として、「仏の嘘は方便、武士の嘘は武略と言う」とあるが、けだし名言である。

乱世を生き残る武将たちにとってはもちろんのこと、特に「第六天の魔王」と異名をとる織田信長にとっては、「遠国融和・近国攻撃」に基づく「四国切取り次第」の朱印状など一夜にして紙切れ同然になってしまうことは、光秀にとって充分に予想されることである。

だからこそあのような箴言が生まれたのであろう。第一、その気構えなくしては、とうてい織田信長の家臣として勤まるものではない。

つまりこの信長の呪縛《じゅばく》を蛇蝎《だかつ》のごとく忌み嫌った羽柴秀吉にして初めて、信長の天下統一を目前にして、「秀吉の陰謀」に踏み切った所以《ゆえん》である。

要は光秀にしろ元親にしろ、いかにしてこの「信長の方便」に恭順していくかであって、信長の行為に一々目くじらを立てていたら首がいくつあっても勤まらないのである。

しかも光秀が謀叛を穿《うが》っていたわけなどないから、「信長が極く僅かな取り巻きで上洛」の報に接した光秀が、咄嗟的に謀叛に踏み切ったという説は、あまりにも杜撰《ずさん》で短絡的である。

ここでもう一度、事変直後の『兼見卿記』に見られる光秀の無策ぶりを想い出していただきたい。再度付け加えさせていただきたいが、光秀には「本能寺の変」遂行に対する理由も見当たらず、計画や準備すらなく、かつ事変後の的確な対応すらない。ましてや、いわゆる根回しや裏工作に類することも一切見受けられなかったことを銘記していただきたいのである。

要はこの一連の、林原美術館『石谷家文書』を過大評価する過程で、「差し迫ったぎりぎりの緊迫感」のみが強調され、勢い、従来の「四国政策原因説」に帰着する危険性が充分にある。

そこで今一度、明智光秀・斎藤利三主従が事変後、長宗我部元親とは一切与同していなかったことを再確認していただきたいのである。

つまり通説通り「明智光秀謀叛説」であったにせよ、また私が主唱する「明智光秀冤罪・羽柴秀吉陰謀説」であったにせよ、この「四国政策原因説」は本能寺の変にまったく関わり合いがなかったことがご理解いただけよう。

戦国武将としての明智光秀の諦念《ていねん》である、「仏の嘘は方便・武士の嘘は武略と言う」という箴言の中にこそ、この「四国問題」は止揚《しよう》されていたのである。

●史上最大の発見？　発見された光秀の手紙原本

平成二十九年（二〇一七）九月十二日付『読売新聞』紙上で【「本能寺」室町再興のため】というタイトルの記事が、史上最大の発見として歴史界を震撼させて日本中を駆け巡り、これまた前述の『石谷家文書』に比肩する世紀の発見と喧伝された。

三重大・［政治構想示す史料］＝明智光秀が織田信長を討った天正十年（一五八二）の本能寺の変は、室町幕府の再興を目指したクーデターだったことを示す光秀の手紙の原本が見つかったと、三重大の藤田達生教授（日本近世史）を中心とする調査チームが十一日発表した。書状については東京大学史料編纂所に写しが保管されているが、今回の発見でクーデター説の内容が裏付けられたとしている。

書状は、岐阜県美濃加茂市民ミュージアムが所蔵する「（天正十年）六月十二日付土橋《つちはし》重治《しげはる》宛光秀書状」で、反信長の土豪・土橋重治に宛てられた。光秀の花押《かおう》（サイン）があるから本人の文書と認められ、筆跡も本人の可能性が高いという。

光秀のかっての主君で、信長に京都を追われた将軍・足利義昭が近く京都に戻ることについて、「急度御入洛御馳走肝要候（必ずご入洛のことについては、奔走されることが大切です）」などと記述。義昭との関係を復活させ、室町幕府再興を目指していたことが読み取れる。藤田教授は「光秀が明確な政治構想を持っていたことを示す貴重な史料」と指摘する。本能寺の変については、信長への恨みによる「単独謀叛説」など諸説あるが、高知大の津野倫明教授（日本近世史）は、「義昭を京都に戻そうとする光秀の姿勢が示され、クーデターを起こしたとする説が裏付けられた」としている。（傍点引用者）

●新聞記事への反論

首題の件に関して各方面から私に問い合わせがあったので、私の見解を述べたい。

まず大いなる誤解がある。すなわち先般、画聖・雪舟の原画が発見された事件（大正時代にこの原画が売りに出され、当時の売立て図録に収蔵されるも、肝心の原画がその後行方不明になり、このほどその原画が見つかった、に過ぎなかった）がある。

今回も首題の「光秀の手紙原本」の所在がわかっただけのことであり、本文の写しはすでに『増訂織田信長文書の研究』に記載されている。私もこの文書《もんじょ》に関して、すでに平成十七年（二〇〇五）二月出版の拙著でもこの全文を引用して論評している次第で、今更、藤田達生氏が「新発見の光秀手紙原本」と騒ぎ立てるものでは到底ないのである。

端的に申せば、織田信長に追われた前将軍・足利義昭が、毛利家の流寓先（鞆の浦）で寝耳に水の「信長、討たれる！」の報に接し、「これにて将軍家復活なる！」と欣喜雀躍。早速、毛利家に上洛を命じたがすでに羽柴秀吉に調略された毛利家はまったく動けず切歯《せっし》扼腕《やくわん》。かくして義昭は、雑賀衆《さいがしゅう》の土橋重治を通して光秀に義昭の上洛を強力に要請してきたが、当初の光秀は受け入れる気がなかったのであろう。

ところが光秀配下の寄騎衆、中川清秀・高山右近・池田恒興らは秀吉に調略され、肝心の細川父子・筒井順慶も中立を宣して孤立無援に追い込まれ、近畿管領軍はすっかり丸裸にされてしまう。しかも予想だにもしなかった秀吉の迅速な東上の報に接した光秀は、ついには切羽詰まって、義昭公上洛をお受けする旨の書状を土橋重治宛てに書いたのだが、それが「山崎の合戦」の一日前。かくして束の間の茶番劇が夢と消えたのである。

だから新聞記事中の高知大・津野氏の「義昭を京都に戻そうとする光秀の姿勢が示され、クーデターを起こした説がより裏付けられた」もまったく当たらないことになる。

あくまでも消息不明の原本の再発見であって、しかも「東京大学史料編纂所に写しが保管されている」とわざわざ紙上で断っておきながら、なにが「新発見の光秀の手紙」なのであろうか。

●間尺《ましゃく》に合わない義昭関与説

この「光秀の手紙原本発見」の報道は凄まじく、まさに燎原に火を放つがごとく広まり、私の読者諸氏からも『京都新聞』『両丹日日新聞』(福知山市)等々、数多の掲載紙の到来や質問が寄せられて、ただただ一驚した次第である。

行方不明だった『光秀の手紙原本』が再発見されただけで、どうして藤田氏はじめ津野氏はかくも新発見紛いに騒ぎ立てるのであろうか。これとてまさに「藤田氏の猫だまし」と言えよう。

実は平成十八年にベストセラーとなった『真説・本能寺の変』(集英社)で、何と藤田氏はこの「光秀の手紙」を取り上げており、「(事変が)光秀の主導で起こったものではないことが、あらかじめ足利義昭の命令を受けていたものであった可能性が高いことがわかる」と論陣を張っている。しかも同誌で桐野作人氏もこの「光秀の手紙」を取り上げて、藤田氏の「足利義昭関与説」はあり得ぬと反論をしているのである。

つまりこの場合、どちらの説が正しいのかではなく、すでに十五年前に「光秀の手紙」を巡って峻烈な論戦が交わされており、拙著でも十二年前に全文掲載している。何が新発見なのかを問い直したいのである。

この種の新発見云々に対して当該歴史家は、すでに存在する文献ともっと真摯《しんし》に向き合うべきである。かくして大山鳴動したわりには「鼠一匹」も出てこなかったのである。

●現在消息不明の手紙

拙著掲載の「少庵宛て・千宗易書状」（野村美術館・展示）も、目下消息不明と言う。このクラスの重要文書は、所蔵者が亡くなられたりした場合等に他に流通する可能性も高く、いずれも一千万円は軽く超える資産となるからである。

拙著でも「千宗易書状」の原図を掲載したかったのであるが、当時の所有者の許可がいただけず、私も野村美術館・刊の図録を持っていながら掲載ができないのである。幸いにして原図が再発見されたら、また誰かが「世紀の大発見」と騒ぎ立てるかも知れないが……。

●細川藤孝は「秀吉の陰謀」に加担したのか

「秀吉と関わりの深い京都の三人衆」といわれた公卿の吉田兼見、光秀の寄騎衆・細川藤孝、連歌師・里村紹巴の三人衆では、就中、細川藤孝の加担が一番濃厚である。

この三人衆はすこぶる仲がいい。否、本来は光秀を交えて「仲良し四人衆」といった方が的確かも知れないほど光秀とも交じり合っている。主に連歌会、また茶会なども織り交ぜて四人の交流は根深いものがあった。『兼見卿記』に「正本」「別本」の二冊があったように、さながら「三人衆」と「四人衆」に振り分けた振舞をしていたのであろうとしか思えないのである。

たとえば、吉田兼見は光秀とは天正時代の初め頃から親交がある。天正四年、光秀が赤痢を患って危篤状態に陥ったが奇跡的に回復し、逆に看護疲れの妻・煕子の死。また折りに触れての坂本城礼問、等々、数多の交流がある。しかも事変後の十二日間はほとんど関わっており、逆に光秀の手の内が秀吉側に筒抜けの状態でもあったのだ。

里村紹巴にしても、光秀が茶の湯と連歌会に関連が深かった関係上、当然のことながら連歌師である里村紹巴とは交じり合いが深い。これまた早い時期から至る所で二人は連歌を巻いている。天正九年四月、明智光秀親子三人を招いての「長岡与壱郎茶会」に同席（212頁参照）しているし、翌十年五月二十八日、光秀の「愛宕参籠」に相伴して、

ときは今あめが下しる五月哉　　光秀

水上まさる庭のなつ山　　行祐

花落つる池の流れをせきとめて　　紹巴

光秀の発句《ほつく》と紹巴の宗匠句の微妙な掛け合いがいろいろと話題を呼んだ。さらにあろうことか、六月二日早暁、身の危険も顧みず戦闘の真っ只中に近隣の商家から荷輿《にないごし》を調達して弟子共々「二条御所」に駆け参じ、誠仁親王一行の「御所」への御成りの供奉《ぐぶ》を申し上げている（92頁参照）。

はたまた六月九日、弟子と兼見邸に押しかけ、光秀の「出陣壮行会」にも出席したりと、まさに八面六臂《はちめんろっぴ》の働きをするのである。

ところが、細川藤孝は別格である。羽柴秀吉の前歴は差別民としてつとに有名であることはすでに述べた。一方明智光秀となると高柳光壽氏曰く、「光秀の家は土岐の庶流であったろうが、秀吉ほどの微賤ではなかったとしても、低い身分から身を起こして」、藤孝の家臣になったのである。（傍線引用者）

『多聞院日記』に曰く、「細川ノ兵部太夫カ中間ニテアリシヲ引立之」（光秀は、細川藤孝

の中間《ちゅうげん》だったのを、信長に引き立てられたのに恩を忘れ、天命かくのごとし）と蔑《さげす》む件《くだり》がある（192頁参照）。光秀の来歴はほとんどわからないが、「細川藤孝の中間（家臣）だった」を下敷きに整理すると、（先にも触れたが）「中間」とか「小者《こもの》」とかは長実房英俊が、光秀の謀叛を聞いての蔑みの言葉であって、それなりに家格の家に生まれ素養も身に付けていたと思われる。何より、永禄十一年には主家の藤孝や、当時の錚々《そうそう》たる連中と連歌を巻く実績があるだけに、藤孝の家臣としてもそれ相当の高い地位にいたことであろう。

ところが細川藤孝は、生まれながらにして貴族さながらの足利家庶流と噂されるほどであり、かつ『古今伝授』を与《あずか》る名門の出である。

たとえば、大手会社の中堅幹部だったAが新入社員だったBの社員教育をしたが、爾後、処世術に長《た》けたBがいつの間にか役員に昇進し、今度はAがその下で使われるケースを知っている。

藤孝と光秀のかつての主従関係も些細《ささい》な軋《きし》みからその歯車が噛みあわず、徐々に両者間には払拭《ふっしょく》できないような乖離《かいり》が生じてしまったのである。

だからこそ藤孝も吉田兼見や里村紹巴らに連《つら》なり、光秀を謀叛の囮《おとり》として筋書きを企てる「秀吉の陰謀」に加担したのであろう。だから秀吉は、あの有名な「起請文」を藤高に発給したのだ（『本能寺の変　秀吉の陰謀』201頁参照）。

敬白起請文前書之事

一、今度、信長御不慮ニ附いて、比類なき御覚悟持ち頼もしく存じ候条、別して入魂申し上ぐるは、表裏公事を抜きんずるなく、御身上見放し申すまじき事、

一、存じ寄りの儀、心底残らず、御為よき様ニ異見申すべき事、

一、自然、中意の族これあらば、互いに直談を以て相済ますべき事、右条々もし偽りこれあるにおいては、梵天、帝釈、四大天王、惣じて日本国中大小神祇、殊に愛宕、白山、氏神御罰深重罷りこうむるべきものなり、仍って起請文件の如し、

天正拾年七月拾一日　羽柴筑前守　　秀吉（花押血判）

長岡兵部大輔殿

長岡　与一郎殿

「今度、信長御不慮ニ附いて、比類なき御覚悟持ち頼もしく存じ候条」という、冒頭からして尋常ならざる意味深長な文意である。

●秀吉と関わりの深い「三人衆」

本能寺の変の陰で暗躍した主なスタッフとして細川藤孝、吉田兼見、里村紹巴、千宗易、長谷川宗仁などが挙げられるが、細川藤孝、吉田兼見、里村紹巴の三人は突出している。

細川藤孝は『兼見卿記』によれば正月以降兼見と六回も会っており、しかも五月十二日には、藤孝・忠興父子と兼見が最終的な打ち合わせをしている節《ふし》があったのだ。もっとも表向きは「蹴菊興行」すなわち蹴鞠会《けまりかい》を催したことになってはいるが、何とそれは羽柴秀吉が織田信長に備中高松救援要請の早馬を送った、あの五月十七日の五日前だったのである。

さらにその追い打ちをかけるがごとくあの筆まめな兼見自身も、『兼見卿記』の五月十七日から二十日までの四日間が記載されずに欠落されている。秀吉から信長への伝令方と最終的な打ち合わせ、もしくは兼見が姫路城辺りまで出張打ち合わせをした可能性も拭えないのである。そうでもないと兼見の四日間不在の辻褄が合わないからである。

これに伴い、前述の、「博多の豪商茶人・島井宗室を招く「本能寺茶会」を催す事。そしてそのコーディネーターである千宗易（利休）からその日時の確認などをして、在京スタッフとも最終的な打ち合わせを行う事」などが煮詰められたのであろう。

またこの一連の打ち合わせとは別に、吉田兼見は、京都所司代の村井貞勝《むらいさだかつ》（春長軒）とも昵懇《じっこん》の間柄であり、新年の折り目の挨拶伺候や、「将棋会」の名目で計六十数回にわたって村井邸に伺候していることが『兼見卿記』から窺《うかが》える。

天正十年正月以降も七回会っており、この五月四日が最後である。すなわち、前述の『本能寺茶会』の項で、天正十年正月二十八日、信長が島井宗室招致の茶会を企みるが、急遽（武田攻めで）延期された折の情報入手も、村井貞勝との「将棋会」でのことである。何かと信長側の情報が入手しやすかったのである。

●兼見と秀吉の親密化

『兼見卿記』によれば事変勃発当日の午後、兼見は安土城に向かう光秀を追って粟田口《あわたぐち》まで馬で駆け付け面会。以降、「山崎の合戦」に至る十二日間に計四回会っており、しかもそのほとんどを朝廷（誠仁親王）とのコーディネーターさながら光秀と関わり合っていたのである。

しかし、早くも六月十三日の日記で明智軍の大敗を知るや、「（光秀の謀叛が）天罰覿面《てきめん》に明らかとなって眼前に晒《さら》された」と光秀を糾弾している。

さて、事変から一カ月後の七月一日。兼見は尾張に滞在中の羽柴筑前守秀吉の許へ進物を持たせて内衆の鈴鹿久左衛門を遣わしている。さらに七月十日には、秀吉陣所の本圀寺へ、兼見自らが進物を持参して訪問面謁している。

また九月十八日、二十一日、さらに十月十九日と、秀吉への度々の音問《いんもん》を重ねているのである。

圧巻は、七月六日の『兼見卿記』である。この日の記述に目を通すと、細川藤孝が美濃より上洛してきて里村紹巴邸で吉田兼見共々三者が会合。「今度仕合粗相談了……」（今度の仕合せ、あらあら相談し終わった）という個所がある。

これに対して藤田達生氏は、「かって光秀派でありながら処罰されなかった幸福を、互いに確認し合ったと理解すべきであろう」と宣《のたま》うのだが、それはいささかおかしい。

今回の秀吉が起こしたクーデターに緊密な連携で成功させた、何らかの労《ねぎら》いが秀吉の方から内示されて、それを慶び合ったのであろう。

藤田氏は「かっては光秀派でありながら」というが、言うなれば「勝負は時の運」である。あの今川義元さえ桶狭間でいとも簡単に屠《ほふ》られたように、勝負の帰趨《きすう》は誰にもわからない。だから、この「三人衆」は軸足を秀吉派に置いているが、「正本・秀吉派」「別本・光秀派」の準備も怠りなかったのだ。結果がどちらに転んでもよいようにして、結果としては十二分に秀吉の要望に応えられたのである。

この二十日には、藤孝と紹巴は本能寺で「信長追善」の連歌を興行している。兼見は秀吉上洛のこととて挨拶に伺候したのか欠席であるが、まずは目出度く「本能寺の変」の打ち上げパーティーであったのであろう。

細川藤孝・吉田兼見・里村紹巴の三人は、羽柴秀吉の陰謀による「本能寺の変」が起こるべくして起きること、そしてまた「山崎の合戦」のようなものが必ず起こり得ることを予測して、チームワークよろしく暗躍していたわけである。

しかもこの三人は、戦国時代という不確実な世界にあって、その時代の「体制」を見据える鋭い洞察力を兼ね備えた傑物であり、かつその「体制」に阿《おもね》って強《したた》かに生き残る輩《やから》でもある。だからこそ、織田信長、豊臣秀吉、徳川家康と三代にわたって知遇され、強かに家名の安堵を計《はか》ってきたのだ。

●事変直後の光秀の無策振りこそ、冤罪である証拠

「本能寺の変」の不可解さの一つにこの『兼見卿記』の記述がある。すなわちこの日記には、あの驚天動地の信長謀殺を企てたという武将の十二日間があからさまに書き残されているのだが、誠にもって何ともお粗末な事態が続くからである。

本当に明智光秀の謀叛だったら「四国政策原因説」が取り沙汰されている折柄、まず真っ先に長宗我部元親と逸早く与同《よどう》し、かつ元親がすでに提携している毛利輝元とも与同して羽柴軍を挟撃すべきである。

または毛利家庇護《ひご》の下、鞆《とも》の浦で逼塞《ひっそく》している足利義昭を担ぎ出して入洛させれば、光秀謀叛の局面も大きく変わったことであろう。

かつ娘婿の織田信澄を事前に取り込み、最大限に働かすべきである（この信澄は光秀の娘婿であるばかりか、信長によって暗殺された実弟・信行の忘れ形見であるが、結局は憐れな犬死にをさせている）。

またこの『兼見卿記』は、光秀用と思《おぼ》しき「別本」と、これまた秀吉用と思しき「正本」のいわゆる二重帳簿的な日記構成になっていたのである。

六月二日、戊子の条、
［別本］……誠仁親王が上御所へ御成りの折、こんな早朝にもかかわらず何故かタイミングよく里村紹巴が近在の商家から荷輿《にないごし》を調達して駆け付け、お迎えに参じ、無事に上御所にお渡りなさる働きをする……光秀殿が午後二時頃安土に向かって大津へ下ったが、私は粟田口の辺りまで馬に乗って駆け付けて光秀殿に対面し、吉田神社所領などのことについてすべての件をお願い申した。
［正本］光秀が（安土に向けて）大津へ下ったが、勢多城主・山岡景隆が瀬田大橋を焼き、かつ自城にも火を放った……一方、誠仁親王御一行の上御所お渡りは、御乗り物もなく難渋されたとあり、紹巴の働きと、光秀と粟田口面会の件《くだり》は欠落している。
六月三日、己丑の条、
［別本］［正本］共々、近江・摂津などを攻めて、猫の額《ひたい》ほどの勢力を確保。
六月四日、庚寅の条、
三日に同じ、光秀が近江を平定する（斎藤利三、長浜城を陥《おと》し入城する）。
六月五日、辛卯の条、
［別本］［正本］共々、光秀が安土に入城した由、また日野に籠城した蒲生堅秀・氏郷父

子は何らの異議なく城を明け渡したとの由、等を淡々と記しているが、いよいよ、兼見の出番である。
六月六日、壬辰の条、
［別本］で光秀への勅使《ちょくし》を誠仁親王から命じられた兼見は、親王に拝謁し、［京都の政治と治安維持を堅く申し付ける（委ねる）旨］を仰せ付かるが、
［正本］では、親王に御対面し、光秀への勅使を命じられるのみ。
これは光秀に対する［征夷大将軍］の内示に近いものと言って差し支えないであろう。
一般的には本能寺・妙覚寺が襲撃された際、周囲の民家に飛び火してだいぶ類焼し、焼け出された避難民が御所の内に数々の雑物を搬入し、一部では小屋懸けもしたらしく、勧修寺晴豊の日記にも、［者共のけ（除《の》け）禁中小屋懸け称々正躰無き事也］とあり、『兼見卿記』の［京都之儀無別儀之様］は、これらの撤去や治安維持を指すという説がもっぱらだが、決してそうではない。いやしくも勅使下向ともなれば、単なる京都の治安回復と言った現行行政能力の向上に類するものではなく、政治形態全般に関わる改革への位贈（征夷大将軍の内示）のようなもの以外にないと思われるからだ。
六月七日、癸巳の条、（この日記は、いよいよ、安土城で勅使として光秀と会見する件《くだり》である）
［別本］午後二時頃に安土城に到着。誠仁親王の勅旨を伝え進物を渡すと、かたじけなし

と光秀は拝受し、ついで兼見持参の［大房の鞦《しりがい》一懸］も進呈し……光秀と今度の［謀叛］について存分に雑談を交わしたが、蒲生父子は未だ光秀に降らなかった。

［正本］日向守に面会し、御使いの旨申し渡し奉書を一巻と、［大房の鞦一懸］を同様に進呈したが……問題の［今度謀叛之存分雑談也］が欠落している。（［鞦］とは、乗馬の頭部、胸、尾に懸ける緒飾り、すなわち征戦に赴く大将馬の総飾り）。

……この謀叛について「今度の光秀殿のご謀叛の経緯はいかなるご心境から進められたのか、色々お心のうちの動機を伺い、存分に雑談申し上げた」と、普通は光秀が起こした謀叛であることをますます確実なものにする件《くだり》であり、大方の史家・作家諸氏も「これにて光秀の謀叛であることは、一件落着」と太鼓判を捺《お》すわけである。

だがすでに私が主張しているように、里村紹巴は商家の粗末な荷輿《にないごし》を持って馳せ参じ、誠仁親王を上御所まで供奉《ぐぶ》申し上げたが、親王はその襲撃軍の実体が何者であるかを知っており、その襲撃軍が明智光秀だったら、自分をかくも惨めな動座には致すまいと良く知っていたのである。もとより吉田兼見自身も、この襲撃軍の正体は百も承知であったからこそ、紹巴を親王の許に派遣したのである。

以上を勘案するとこの謀叛は、羽柴秀吉をおいては考えられないのである。だとするならば、明智光秀にとっての「今度の謀叛の存念」とは、当然、一番身内に近い兼見に今度の本能寺襲撃は自分ではないことを強調し、本能寺に急遽馳せ参じたらすでに辺りは灰燼《かいじん》に帰していたこと、どうやら羽柴秀吉の謀叛ではないかということと、自分はあくまでも冤罪であることを切々と語ったことであろう。

また兼見も、かかる上はこの降って湧いたような事変を逆手に取って、「光秀の天下」を確実にするためにもまず相当量の銀子を朝廷に献上して、これからの誼《よしみ》を通ずるべきであることなどを進言したと思われる（これも実は秀吉方の策略で、貴重な光秀の軍資金を放出させる目論見でもあったのであろう）。

一方光秀にとっても、「征夷大将軍」の内示は大いなる自信が与えられたことになったのであろう。繰り返すが、［正本］には、「今度の謀叛」が欠落している。秀吉の目に触れるとまずいと判断したからである。この六月七日は、兼見が勅使として安土城に下向したことは［正本］でも既成事実だから、紛れもなく光秀の謀叛であったとしたら、わざわざ［正本］から欠落させなくてもよかったはずである。秀吉にしても、光秀謀叛の本当の動機を知りたいはずだからである。

ここからも、秀吉こそが謀叛の中心人物であることが浮かび上がってくるのである。

六月八日、甲午の条、

［別本］及び［正本］。今日光秀は、摂津攻略のため軍を率いて上洛し、兼見も帰洛して早速親王方々に光秀の勅答を奏上申し上げる。

六月九日、乙未の条、

［別本］［正本］共、光秀が摂津方面の前戦から上洛途上、白川迄、五摂家・清華家・公卿衆の悉《ことごと》くが迎えに来ている旨を伝えたが、「忝《かたじけな》いがご辞退したく、どうぞお先にお帰り頂きたい」との由で各々に伝えた（さながら凱旋将軍並みである）……また一昨日安土城への勅使下向について忝い旨と、その御礼に参上し、御両所（正親町天皇と誠仁親王）へ銀子五百枚献上したいとの由で、私（兼見）は承知してこの旨を禁裏に奏上する旨を光秀に伝え、五百枚進上の折紙（目録）を受け取った。そして京都五山へ百枚ずつ、また私にも五十枚寄進され申し、さらに大徳寺へも百枚寄進……と記しているのだが、この兼見への項だけ［正本］では、この五十枚の寄進が兼見自身ではなく、吉田神社修理のためと主旨を転化して記入し、光秀との親交の深さを打ち消しているのである。

しかも［別本］のみ、その後光秀は兼見邸の小座敷に暫く逗留して夕食（出陣祝いの小宴）が振る舞われたのだが、主人公の兼見はもとより何とあの里村紹巴までもが弟子の昌叱、心前まで打ち連れて光秀と夕食を相伴する次第。しかもその席上、合間を縫って光秀が各地方に緊急の手配を命じていたのだが、当然、［正本］では欠落している。

（またこの日に光秀方へ参陣を請うあの有名な【覚】を細川父子に送り、拒絶される）。

六月十日、丙申の条、（この項より『兼見卿記』をはずし）

一旦、参陣を約した筒井順慶を待ち、洞ヶ峠まで出張する。

六月十一日

順慶を待つも合流を果たせず、下鳥羽に帰陣して淀城を修築。そして予想外の速さで東上する羽柴軍の報を聞いて周章狼狽《しゅうしょうろうばい》する。

六月十二日

切羽詰《せっぱつ》まった光秀は（事変後、鞆の浦に逼塞中の足利義昭からの上洛要請文を受けていたが）、急遽、紀州雑賀衆の土橋重治を通じて［義昭受け入れの書状］を送るが、時すでに遅く、羽柴軍は摂津富田に着陣する。

六月十三日

午後四時頃、山崎で開戦するも敗戦、光秀派は勝竜寺城に逃げ込む。

かくして『兼見卿記』によれば、いかにも情けない、ていたらくな状況裡で光秀は自滅してしまったのである。

そして、「光秀には、ビジョンがない謀叛劇であった」と謗《そし》る歴史家・作家諸氏が多いのであるが、むしろそれは、突然降って湧いたような大事変に対応できなかった明智光秀の冤罪を立証するものになるのではないだろうか。

つまりこの『兼見卿記』は、奇しくも大事変後の光秀の行程を摑み切っているからこそ、何とそこに関連する面々は、当の吉田兼見を筆頭に、誠仁親王、勧修寺晴豊のほか参陣を拒まれた細川父子と筒井順慶、および雑賀衆の土橋重治だけという淋しさで、肝心の長宗我部元親、娘婿の織田信澄などはまったく蚊帳の外。さりとて己が近畿管領軍の寄騎衆である中川清秀・高山右近・池田恒興などにも一切近接せず、しかも彼ら一同は手回しよくすでに羽柴秀吉に調略されて、光秀は丸裸にさせられている。しかも「山崎の合戦」ではその彼等が先陣を切って光秀軍に戦いを挑みかかってくるという有様。

すなわち陰謀を仕掛ける側は常に素早く先手を取り、冤罪を蒙る側は訳もわからずただただ後《おく》れを取って後手に廻るのである。

だからこそ『兼見卿記』とは、「光秀冤罪」を暗示させる日記でもあったのである。

●光秀の「愛宕参籠」とは何だったのか

愛宕山白雲寺には、愛宕権現の本地仏とされる御本尊「勝軍《しょうぐん》地蔵《じぞう》」（将軍地蔵）が祀られており、戦国時代には「軍神」として武士から強い信仰を集めていた。

甲冑姿の地蔵が馬に騎乗の御姿で、光秀も征戦のご加護を得るために五月二十七、八日にかけて参籠したことが喧伝されているが、私はこの説を採らない。

京都・蘆山寺《ろざんじ》に、光秀が常に戦場に肌身離さず携帯して念じたという、とても小さな手のひらサイズの「守護念持仏」（地蔵菩薩）がある。

私の別著『本能寺の変　生きていた光秀』執筆取材の折、坂本城膝下《しっか》の天台宗紫雲山・聖衆来迎寺を訪れた際、本堂に祀られていた「地蔵菩薩像」が蘆山寺の「守護念持仏」とそっくりなのに愕き、お寺側に伺ったことがある。

「元愛宕山に安置されていたこの『木造地蔵菩薩像』を天海僧正が当寺に安置するようにという御縁があり、当寺に居られます」とのことで、はからずも、会津高田出自であるはずの天海僧正が、こんな坂本城膝下の「聖衆来迎寺」にこだわってわざわざ元愛宕山から遷座させたという「光秀＝天海説」の数ある傍証の一つが見受けられたのである。

それはさておき、光秀は、元愛宕山に安置されていた「木造地蔵菩薩像」（現・聖衆来迎寺在）を特別に信仰して、自分の「守護念持仏」として彫り興したのであろう。

かくして光秀は五月二十七、八日にかけて「愛宕参籠」をしてこの「木造地蔵菩薩像」への戦勝記念の願懸けと、「愛宕百韻」を巻いて奉納致したのであるが、巷説では光秀は愛宕参籠の時点でまだ「信長弑逆」を思案中となっている。
その決行の吉凶を占うべく御神籤《おみくじ》を引いた。最初は「大凶」と出たのであろう。結果二度、さらに三度引いてやっと胸を撫でおろしたという。
（決行思案中の光秀は）寺側から出された笹粽《ささちまき》を思わず笹ごと喰《は》んで赤面したというエピソードもある。『多聞院日記』では、当時光秀は眼病を患っていたとある。それゆえに愛宕山でも眼疾に効くという熊笹を搗《つ》いてこねたか、または喰べやすいように細く裂いたものを粽に巻き付けて光秀に供したのではなかろうか。一種の「薬喰《くすりく》ひ」である。決行を思案していてそれで頭がいっぱいになったがための奇行というわけではないのだ。
参籠の折を見て重臣と山頂に登り、洛中を俯瞰《ふかん》しながら本能寺・妙覚寺の攻め方をあらかじめ打ち合わせをしたという話もある。
さらに極言は、「愛宕百韻」冒頭の光秀の発句《ほっく》を受けて、
時は今あめが下しる五月かな　　日向守
（土岐は今五月で雨が天下に降っている。土岐一族の自分が天下を治める五月であることよ）
水上まさる庭の松山　　西坊
（雨が降り続き、河の音がいっそう高く響いてくる庭の松山よ）
花落つる流れの末をせき止めて　　紹巴

（花が落ちるが、その花で流れて行く謀叛の水をせき止めたいものだ）
（『川角太閤記』志村有弘訳、ただしほぼ同文で『信長公記』も記載）

発句が以上の解釈となり、「光秀の謀叛のマニフェスト」として巷間に喧伝される。

あの俗書である『明智軍記』もすかさずこれに付和雷同して、「トキハ今アメガ下シルト言エルハ、光秀元来土岐ノ苗裔《びようえい》明智ナレバ、名字ヲ季節ニ準《なぞら》エテ、今度本望ヲ達セバ、自《みずから》天ヲ知ル心祝ヲ含メリ、挙句《あげく》ノ体モ爾《しか》ノ如シ」と、はっきり「時」を「土岐」に擬《なぞら》えている。江戸時代の読者も大いに合点・納得したのであろう。

つまり美濃は土岐の守護代が永く続いたので、美濃出身の明智光秀も、正嫡流である名門の明智家出自であると勘違いされてしまい、「愛宕参籠」の連歌会で、「ときは今」と発句したことで、光秀謀叛の揣摩《しま》臆測に苦しんでいた世人が、「ときは＝土岐だ！　信長を屠《ほふ》り、美濃の土岐系を復権させる魂胆《こんたん》だ！」と色めき立ったのである。

●土岐家と明智家では、桔梗の家紋が違う

土岐家と明智家の違いを、端的に申し上げよう！

同じ土岐源氏系を表す「桔梗紋」でも、名族土岐氏系の「土岐桔梗紋」と、明智氏傍流

（水色）桔梗紋

土岐桔梗紋

であるいわゆる「（水色）桔梗紋」とでは、その桔梗の意匠がまったく異なる。この事象一つを見ても、光秀と「土岐家」では、まったく関係がないことがわかるのだ。

したがって、光秀が土岐氏を背負って天下人として立つ、という気負った発句など詠《よ》むはずがないのである。

ちなみにこの光秀の「桔梗紋」は、細川家の「永青文庫」所蔵の「桔梗が染め抜かれた明智光秀所用の小紋字《こもんじ》裃《かみしも》」として実証される。何よりも光秀の菩提寺・西教寺所蔵の、光秀の「鎧櫃《よろいびつ》」、「手あぶり火鉢」、「佩刀《はいとう》」などでもこの「桔梗紋」がはっきりと実証できる。決して土岐氏の「土岐桔梗紋」ではないのだ（上図参照・実は私事、井上家の家紋も同然で不思議な縁で結ばれている）。

奇しくも「本能寺の変」の一年前、天正九年六月二日に上梓された「明智光秀家中軍法」を見てもわかる通り、光秀は極めて理知的であり几帳面な性格でもあったのだ。

そんな神経の細《こま》やかな光秀が、いかに親交が厚い間柄とはいえ、尋常ならざる連歌師・里村紹巴の前でぬけぬけと、「土岐源氏の末裔たる私が、今その天下を支配すべき五月になったのだ！」と、信長弑逆をその決行前に堂々とマニフェストするものであろうか。

私もかつては水原秋櫻子《みずはらしゅうおうし》門下の一人でいささか俳句歴もあり、俳諧（連歌）の下地もあるつもりだが、この「愛宕百韻」全句をつぶさに読んでみても月並みの、ごく自然な「百韻」である。光秀の謀叛心の欠片《かけら》など、微塵だにも感じられないのである。

しかもこの通説の発句

時は今あめが下しる五月かな　　　　であるが、

西教寺資料「天正十年愛宕百韻」では、

時ハ今あめが下なる五月かな

となっていて、こちらが原句である。

●「愛宕参籠」の目的は軍資金繰りだった？

幼年の頃から明智光秀所縁《ゆかり》の者として育ってきた私は、昭和四十二年に講談社から出版された八切止夫《やぎりとめお》氏の『信長殺し、光秀ではない』を読んでまさに目から鱗《うろこ》の落ちる思いであった。

これが後年、私の茶道研究における「本能寺の変」への伏線になったのであろうか。

この一冊が、歴史認識における「固定観念」に捉えられてはいけないと教えてくれたのである。

だが今にして思えば、八切氏は時として老獪《ろうかい》な狂言師、否、「手品師」であった。瀟洒《しょうしゃ》な飾り箪笥につくった引き出しを一つ一つ開けて見せながら、ある時はA、ある時はB、またある時はCと様々なヴァリエーションを呈示させながらも、各々説得力がある説を展開し、かつ、決して「種を明かさない」。

この老獪な手品師は、とどのつまりは「光秀の槍」という挿話を呈示しながら答えを観客（読者）に委ねる。彼が鏤《ちりば》める「手品の種」は、各自で解き明かさねばならないのである。だから私は、決して八切止夫氏のエピゴーネンではない（だが一時はそう思われてきた）。

冗長な前書きはさて置き、光秀の「愛宕参籠」について八切止夫氏曰く、「この愛宕山は、当時社領三万石。その社領で獲得した収穫物の取引益で仕切る、山城国（現在の京都府）とその周辺一帯の地域の主力金融機関であった」という。

その親会社は、吉田兼見が関わる「吉田神社」であり、その一門にはかの「角倉船《すみくら》」で有名な角倉了以《すみのくらりょうい》がいる。「京の富のほとんどを押さえている」といわれたほどの豪商であった。

そこで光秀は斎藤利三あたりを伴って「愛宕参籠」を名目に、西国出兵の軍資金調達のために愛宕山に行ったのだ。「連歌興業」などの一連の参籠イヴェントは、その時間潰しである。やがて利三が「愛宕山手形」を持って一足早く下山し、「吉田神社・角倉ルート」で軍資金を調達して軍備を整えたのではないだろうか。

何せ当時は「伊勢神社」、「熊野権現」、そしてこの「愛宕権現」と、いずれもその地域の金融機関を兼ね備えていたのである。

光秀が「本能寺の変」の直前に参籠していた「愛宕権現」は、「勝軍地蔵」を参拝して武運長久を祈願するばかりでなく、他に金融業も営んでいた。そしてその方が何と言っても名高かった。

「もちろん当時は、お伊勢さまにしろ、船主相手の熊野権現にしろ、みな金貸しはしていたが、お伊勢さまは閏月で年十三カ月のときをみても、年に七回だけ利息を納めればよかったし、一航海四カ月とみて貸し出していた熊野さんは、年に三回の利子払いで済んでいた。ところが京に近い愛宕権現だけがそれだけ需要が多いせいもあるが、ここだけは毎月決済であった。だから借りている連中がせっせと毎月お山へ登るのを、五条河原で興行しだした女歌舞伎の者が、

伊勢にゃ七たび、熊野にゃ三度、愛宕さまにはさあ月まいり……

と桟敷から唄って流行らせた。」（八切止夫氏）

以上を勘案すれば、件《くだん》の光秀の発句、

時は今あめが下しる五月かな

を読者諸氏はどう解釈されるであろうか。

そこには土岐の末裔で天下を望む者の発句ではなく、実に時季に適した百韻の一句（発句）であると思えて仕方がないのである。

また蛇足になるがだいぶ前、「熊野権現・銀行業務」の話を、熊野神社・藤井典弘さんから伺ったことがある。すなわち、

「熊野三山のご信用でお預かり頂いたお金（賽銭《さいせん》）と、京・大阪で富籤《とみくじ》（宝くじ）をやり、それで大当たりしたお金を合わせて十万両を造り、それを元手に銀行業務を始めました。だが熊野権現が行った銀行業務の相手先は大名が多かったため、幕末（一八七一）の廃藩置県が実行されると、大名が書いた借用書が金六百万両（現在価値で三百九拾億円）と焦げ付きが生じて、倒産しました……」とのことである。

●光秀は小栗栖《おぐるす》で、竹槍に刺されていない

六月十三日午後四時頃、「山崎の合戦」の火蓋が切られた割にはその帰趨《きすう》が早く、明智

軍は大敗を喫して、光秀は勝竜寺城に遁げ込む。夜も明けやらぬ闇の中、光秀が再起を期して坂本城を目指して落ち行く次第を、『明智軍記』はこう記《しる》す。

「村越三十郎・堀与十郎・進士作衛門ヲ先打トシ、溝尾庄兵・比田帯刀ヲ後陣トシテ其勢五百余騎、十三日ノ亥ノ刻ニ勝竜寺ヲ出、川端ヲ上リニ、北淀ヨリ深草ヲ過ケルニ、家来共終日ノ戦ニ草臥《クタビレ》ケレバ、或ハ疲伏、又ハ落失シテ、雑兵共ニ漸ク三十騎ニゾ成ニケル、斯テ、十四日丑ノ刻ノ剋計、小栗栖ノ里ヲ歴《スギ》ケル処ニ、郷人共蜂起シテ、落人ノ通ルニ物具剝ト詈《ノノシ》ル声シテ、鎧を以テ竹垣ゴシニ無体ニ突タリケル、日向守ハ、馬上六騎目ニ通シ処ニ、薄雲ニヤ有ケン。脇ノ下ヲゾ撞《ツカ》レケル。其時、是ハ何者ナレバ狼藉ナリト言ケレバ、郷人鑓ヲ捨皆々北去《ニゲサリ》ヌ。斯《カクシ》テ、三町計往過タレトモ、彼鑓疵痛手ナレバ、光秀道ノ傍ニ馬ヲ乗寄、鑓ヲ田ノ中ニ立置ケル、是ハ鑓ヲステ、逃タルト、後人ニソシラレジトナリ。さて、溝尾庄兵衛茂朝ニ申ケルハ、唯今手負タレバ坂本迄行付ガタシ。然レバ爰《ココ》ニテ自害セント思フナリ。是ハ辞世ナリ。汝ニ与ヘントテ、鎧ノ引合ヨリ一紙ヲ取出スル。溝尾謹デ是ヲ見ルニ、

逆順無二門　大道徹心源　（逆順に二門無く、大道心源に徹し）
五十五年夢　覚来帰一元　（五十五年の夢、覚め来たりなば一元に帰す）
明窓玄智禅定門

トゾ書ケル。是ヲ読ケル間ニ、光秀脇指ヲ抜テ、腹一文字ニ掻切ケレバ、茂朝愕きナガラ、即介錯シケリ」

とにかくこの一節が傑出しており、しかもこの『明智軍記』から二つの歴史的既成事実が出来《しゅったい》することとなる。

すなわち「五十五年の夢」と言う光秀の遺偈《ゆいげ》を創作して、いつしかここから光秀の享年としての「五十五歳説」が定着してしまったこと（『當代記』には、六十七歳とある）。

また『甫庵太閤記《ほあんたいこうき》』、『豊鏡《とよかがみ》』の創作を引き継いで、光秀の最期が「小栗栖での竹槍刺殺」であるとした歴史的事実。

さながら、信長が光秀と謀叛と知って最後に重々しく呟く「是非に及ばず」と、この「小栗栖での竹槍刺殺」が「本能寺の変」の二大歴史的既成事実となる。かくして京都市伏見区小栗栖を訪れる「光秀の巡礼者」が、光秀を偲んでそっと花束を添える歴史的名所にもなってしまったのである。

一方、桐野作人氏も近著『明智光秀と斎藤利三』で、「運命の十三日、明智方は奮戦するものの、敗北する。光秀は勝竜寺城に逃げ込んだ。そして夜陰に紛れて城外に脱出する。光秀は勝竜寺城からはいつくばって落ち行き、宇治郡小栗栖《おぐるす》あたりまで逃げて田圃《たんぼ》に隠れていた。小栗栖の百姓たちが用心のためか、あるいは落武者狩りのためか、鑓や棒で自警していたところ、これを発見して光秀だとは知らずに討ち取って首級《しゅきゅう》をあげ、『公儀《こうぎ》』に届け出た。光秀の顔を知らない者はいなかったので、信孝らはただちに褒美をとらせたという。（『信長記』尊経閣本）

通説にあるような光秀の最期とは異なる描写でまことに興味深い。光秀が馬ではなく田圃のあぜ道をはいつくばって逃げたとする説は『日本史』5にも書かれており、説得力のある記述だと考える。」とあり、桐野氏だけに愕きの極みである。

●はたして「光秀の最期の場所」はどこだったのか？

私の説は、単純にして明快である。以下、『兼見卿記』、『言経卿記』をご覧いただきたい。

○『兼見卿記』

・六月十四日、庚子の条、

昨夜向州退散勝竜寺云々、未聞落所、

（昨夜光秀が夜陰に乗じて勝竜寺城を脱出したが、落ち延び先は不明）。

・六月十五日、壬申の条、
安土放火云々、自山下類火云々、（中略）向州於醍醐之邊討取一揆、其頸於村山清三、
三七殿へ令持参云々、
（安土城が放火され、城下にも類焼。光秀が醍醐付近で一揆衆に討ち取られ、その首を村井清三が織田信孝殿へ届けられた）。
・十六日、癸酉の条、
向州頸・筒《（胴）》体、於本應寺曝之云々、
（光秀の首が胴体と繋ぎ合わされて、本能寺に晒《さら》された）。

○『言経卿記』
・六月十五日、
一、惟任日向守醍醐邊ニ牢籠、則郷人一揆〆打之、首本能寺へ上了、
（明智光秀が醍醐付近で一揆衆に討ち取られ、その首が本能寺に晒された）。
さらに、『多聞院日記』を見てみる。
・十七日、

一、惟任日向守ハ十二日勝龍寺ヨリ逃テ、山階ニテ一揆ニタヽキ殺レ了、首モムクロモ京へ引了云々、浅猿〃〃、

（明智光秀は、十二日勝竜寺城を逃げ延びて山階〔山科〕で一揆衆に叩き殺され、首も骸《むくろ》（胴体も）も京〔本能寺〕に引き上げられた。あさましき限りなり……）

すなわち前述の通説では十四日の未明、坂本城を目指して落ち行く光秀が小栗栖の竹藪で農民の竹槍に刺されて憐れな一期《いちご》を遂げるのであるが、実際には十五日に醍醐周辺で一揆衆に討ち取られたことになるのだ。

吉田兼見と山科言経と言う著名な二人の公卿が、まさか口裏を合せて記《しる》したわけではない。

事実として流れた情報を正確に記しただけであり、さらに傍証として長実房英俊（『多聞院日記』）も揃っているのである。かかる事件当時の記録に基づいて考察するのも「実証史学」の正道であり、この事実を覆らせるいわれなど微塵もないのである。

ところがこの「小栗栖伝説」みたいな数多《あまた》の誤説が、どうしてこの「本能寺の変」の中に登場してくるのであろうか。その元凶の一つに『明智軍記』があるのだ。

●光秀は本当に、生涯側室を持たなかったのか?

私が以前『文藝春秋』の巻頭随筆欄に寄稿した文から要約する。

「明智光秀は織田信長に仕える以前の不遇時代、寺子屋の師匠をして苦しい生計を立てていたが、連歌会の当番の折、黒髪を切り売って客をもてなし、光秀の面目をほどこした妻に感涙して、必ずや一国一城の主《あるじ》となって妻を輿《こし》に乗る身分にしてやりたい、かつ側室は一切持たないことを心に誓い、生涯それを貫いたというのである」

またこの伝承を宣教師のフロイスも唱え、現代においては作家の司馬遼太郎氏も主張するところなのである。

光秀の菩提寺である西教寺に、光秀の妻・熙子《ひろこ》が天正四年十一月七日に亡くなり、戒名「福月真祐大姉」(享年四二歳)という過去帳もある。『兼見卿記』にもその死に至る経緯が詳述してある。

ところがあの『明智軍記』によると、「山崎の合戦」で夫の敗死を知った熙子は、坂本城落城の猛火の中に末子・乙寿丸を伴い潔く自決して果て、江湖の涙を誘う件《くだり》がある。

すなわち、主君・光秀敗死の報を受けて坂本城内に残る将兵が一堂に会し、籠城か、

華々しく打って出て一戦を交えるべきかの協議の最中《さなか》、
「此辺ノ儀如何スベキト申サルヽ処ニ、光秀ガ妻室、侍女四五人召具シ、奥ヨリ立出申ケルハ、此体ニ成果ヌル上ハ、兎角ノ評定ニ及間敷候、何方へ成トモ郎等共ハ皆落シ遣シ、城ニ火ヲカケ、傍《カタガタ》御両所我等親子速ニ自害セシメ候ハバ、末代迄モ当家ノ恥辱ハ有間敷候。長僉議《センギ》ニ時剋ヲ移シ、敵ニ寄ラレナバ、未練ノ覚悟ニモ相聞へ、其上家来ノ輩モ落散間敷旨申ナバ、無詮事ニ候間、此趣早々何茂へ沙汰有ベシト申ケレバ、両将此由聞、女性ノ所存ニテ係ル金言ハ類少キナル哉ト、感涙ヲゾ流シケル……（かくして最期のクライマックス）……日向守妻室四十八、乙寿丸八歳ナリシガ、静ニ念仏シテ、現世ハ即火宅ニセヨトテ、城ノ内外悉ク火ヲ懸サセ生害シケレバ、附々ノ侍女十余人モ同ク御供申サントテ、猛火ノ中ヘゾ入ニケル」

という次第で、一大悲劇の幕が閉じられたのである。

『明智軍記』では、「日向守妻室」という表現で、「妻・熙子」と言ってはいないものの、日向守妻室がそのまま妻・熙子に置き換えられてか、佐方郁子氏を筆頭に女流作家の方たちの描写は枚挙に遑《いとま》がなく、人口に膾炙《かいしや》して紅涙を誘うのである。

これも『明智軍記』の「勇み足」の一郭であろう。

ところが本著執筆中の令和二年八月八日の『読売新聞』夕刊に、「光秀の妻の死、『本能

寺』以前？」なる記事が掲載されたのである。記事曰く、

「戦国武将・明智光秀の妻、熙子の戒名が記された仏画が大津市の聖衆来迎寺《しようじゆらいこうじ》で見つかり、同市歴史博物館が7日発表した。熙子の没年については本能寺の変があった1582年と、それ以前の76年の2説あるが、仏画には「天正9年（1581年）」に奉納されたとの記録があり、76年説を補強する発見となる。

釈迦の入滅を描いた「仏涅槃図《ぶつねはんず》」（縦1・45メートル、横1・35メートル）で、寄進者などは不明。裏側に、現世安穏や故人4人の冥福を願って寄進した記載があり、故人の一人として、光秀の菩提寺・西教寺（大津市）に伝わる熙子の戒名『福月真祐大姉』が記されていた。（中略）

西教寺の記録には76年に亡くなったとあるが、宣教師の史料などでは82年に光秀が羽柴（豊臣）秀吉に敗れた後、居城の坂本城（大津市）が落城した際に死去したとされていた。和田学芸員は、『西教寺以外で熙子の戒名が確認されたのが初めて。没年特定の有力な資料であるとともに、謎の多い生涯を解明する手がかりになる』と話している」

光秀の妻・熙子の死を勘案するに、天正四年に没したというれっきとした西教寺の過去帳があるのにもかかわらず、なぜ、天正十年まで引っ張られていたのかであるが、答えは

簡単である。

元禄五年（一六九二）頃、突如出版された『明智軍記』の前述した「日向守妻室」の最期の描写が人口に膾炙され、大いに人気を博したからである。

また「宣教師の史料」ともあるが、フロイスは「本能寺の変」時には遠く九州にあり、情報収集能力も極めて不適格だったといえよう。

そこで私は、「光秀は、生涯側室を持たなかった」と主張する司馬遼太郎氏に反発する一文を「明智光秀の妻」というタイトルで『文藝春秋』に寄稿して問題を提起したのである（二〇〇八年十二月号）。

そして件《くだん》の、坂本城の猛火の中で乙寿丸と自決した「日向守妻室」を、伊賀国柘植《つげ》城主・喜多村保光《きたむらやすみつ》の娘「お容《よう》の方」と捜し当てた。かつ四、五件の側室をも論及したのである。

幸い、この文章が評判を呼んでか、翌年の『二〇〇九年版ベストエッセイ集』にも再収録され（さらに二年後には「文庫版」としても再収録され）息長く「明智光秀の妻」が露出した次第である。

司馬遼太郎氏の独善的な推論通りであるとするならば、光秀の末裔《まつえい》を謳う歴史家・明智憲三郎氏も存在しないことになる。明智氏は光秀の子・於雀丸《おづるまる》の流れのようである。

熙子の死にかくもスポットが当てられるのかではなくて、なぜ俗書として名高い『明智軍記』の中に鏤《ちりば》められている創作にスポットが当てられるのかである。すなわち、創作だからこそ面白く評判を呼んだのであろう。

さらに蛇足になるが、熙子に関する発見があった聖衆来迎寺は極めて不可思議な寺社である。坂本城膝下にあったせいか、生前の光秀の厚い信仰をあつめ、恐らく亡妻の供養もねんごろに行ったのであろう。さらに江戸期においては、本来会津高田出自の天海僧正もなぜかこの聖衆来迎寺を度々訪れて、同寺に祀られる「地蔵菩薩像」にも謎多きエピソードがあり、さらに深く再調査致したい寺院である。

●再度問われる「秀吉の陰謀」

すでに述べた通り、羽柴秀吉の備中高松への布陣からして、対毛利家と不可解な「五ケ国割譲」の講和条約折衝問題や「本能寺の変」後の権謀術数に長《た》けた、いとも鮮やかな行動力は決して人間業とは思えず、いつしか天下に向かって走っているのである。

しかも秀吉にとっては、決してハードルが高い作業ではなかったのであると申し上げると、「秀吉神話」の信奉者たちは、「確かにラッキーな要素が所かしこに積み重なっていたようだが、やはり天性の秀吉の俊敏な機知力を生かして、その場、次の場を的確に予測し、巧みに潜《くぐ》り抜けて行く秀吉の才覚の成果に尽きるのでは」と宣《のたま》う次第である、と前述した。

しかし、ここまでの流れを見ると、「高松城を必死に攻めていた最中、こともあろうにかけがえのない主君・信長が、本能寺で明智光秀の謀叛で討たれてしまい、号泣の末、主君の仇討ちを誓い、その『弔い合戦』で見事に光秀の首を討ち取って本能寺に晒《さら》し、その後は織田家再興のため『清洲会議』などで奮闘するも、その後継者間や、家臣間の軋轢《あつれき》を整理しているうちに、いつしか秀吉自身がその頂点に立つことになってしまった」などという、さながら『川角太閤記』なみの逸話に胡坐《あぐら》をかいているわけにはいかないのである。

この一連の流れをコロンボ刑事流に吟味すれば、自ずとそこには「秀吉の陰謀」の実証が炙《あぶ》り出されてくる。これこそが歴史の流れであり、かつ歴史が内包する起承転結である。

歴史とは、長いスパーンで歴史事象を解析しなければならない時があるのだ。短絡的に、一つの歴史事象の結論を早合点で決め付けるべきものではない。

「本能寺の変」は、「誰が起こしたクーデターか？」という結果だけで結論をだすのではない。

あくまでも「誰々が起こしたというクーデターの通過点であって、そこには関連しあう歴史事象が他にも併存していなかったか？」を問い直し、その前後の起因である、本来の起承転結を徹底的に分析し、その歴史（事件）の流れを実証史学の許で正確に整えるべきである。

また特に並走して事件に関わっている者こそ最重要参考人であって、共に歴史の流の中間点（通過点）における関係度を厳しく再捜索すべきである。そこにこそ真の「本能寺の変」という起承転結が存在してくるのである。


かの高柳光壽氏は同学の論客、桑田忠親氏との歴史論論争が有名だったが、晩年は前述の八切止夫氏の理論にも傾倒して大いに理解を示して、『家康の槍』という一文を八切氏に呈したという。

そこでこの一文を八切氏は得意になって、あたかも、「手品師の私の種はこれです！」と言わんがごとく、やたらとこの『家康の槍』を振り回すのである。

私も本書の掉尾《とうび》にあたり、恒例として掲げたい。

徳川家康は、光秀遺愛の槍を、家臣の水野勝成に与える時、「光秀にあやかれよ」と明言している。もし後年のように、光秀が信長殺しと言うのであれば、あやかれとは自分を殺せとの意になる。だから家康も光秀をもって信長殺しとみていない証拠である。つまり、「光秀を主殺し」にしてしまったのは、江戸時代の儒学からである。（傍点引用者）

（『歴史読本』昭和四十二年十一月号）

私としてはさらにこう加えたい。「しかもそれは、『明智軍記』出版以後からである」

あとがき

「茶の湯文化学会」の会長でもある文教大学教授の中村修也氏が、『利休切腹』（洋泉社）、『千利休』（朝日親書）を相次いで出版した。「利休は切腹せず、晩年を九州で過ごした」という通説を覆す意欲作であり、両著書を戴《いただ》いた私も一瞬、ドギマギした次第であるが、内容たるや諸史料も正鵠《せいこく》を射ていて私も肯定せざるをえなかったのである。

ところが中村氏は後著書の「あとがき」で、「その後研究者の間で、私の説がどのような評価を受けているかはわかりません。特別な賛同も聞こえてこないのです。時々、『どのような評価ですか』という質問を受けることは逆にありました」と言う。

さて、両著書を戴きっぱなしでまだ返礼も出していない私は、いかに内容が正鵠を射ていると言いし条、それが真実であると実に困るのである。

私とて二、三の茶事の講義をしており、三月にはこの「利休賜死《りきゅうし し》」に関して、かの有名な遺偈《ゆいげ》を中心として講義を滔々《とうとう》とするのが慣いであり、しかも私の「本能寺の変」研究の中核をなす「本能寺茶会」のコーディネーターたる千宗易（利休）が「秀吉の陰謀」に加担して豊臣政権の中枢をなしていくも、ついには些細な確執から両者の抜き差しならぬ乖《かい》離《り》へと展開していく過程の末に、この利休賜死が本来あったわけであり、もちろんこの遺偈は本物であり利休はその時点で本当に切腹する覚悟であったからこそ書いたのである。

やがて利休賜死のあと千家は潰れ、利休所持の各名物も四散し、この遺偈も、江戸中期・深川の材木問屋・冬木家の家宝として納まっていたが、寛永四年（一八三二）、師の表千家七代・如心斎宗左の厳命を受けた川上宗雪（後の江戸千家）が身を粉にして懇望し続け、やっと千家に戻ったという曰く付きのものであり、その返礼として千家は冬木家に、「武蔵鐙《むさしあぶみ》の文」（利休が古田織部に宛てた消息文）と「北野黒」を大奮発、とにかく千家としてはそれほどまでしても手に戻したかった遺偈ではあったが、「利休は切腹していなかった」という中村修也氏の説が定説化すれば、やはり一番困るのは三千家（表千家・裏千家・武者小路千家）であって、まさに「利休神話」の否定である。

またそれは常々、私が「秀吉の陰謀」の一助として紹介し続けている、中部大学名誉教授・大山誠一氏の「聖徳太子、非実在説」で、やはり一番困るのは法隆寺さん、次いで文部科学省、そして国民の多くが信仰する「聖徳太子信仰の神話」の崩壊であろう。

そしてさらに拍車をかけるのは、不遜《ふそん》、私の「秀吉の陰謀説」であろうか。

「否！　井上慶雪論には、誰も歯牙《しが》に掛けてはいない！」とおっしゃる向きも多々あろうが、実は平成二十五年五月の初版発行以来どなたも、「この説はおかしいのではないか！」と前述の中村修也氏の著作同様、私説についてては何も言っていただいていないのである。「それは発行部数が少なく、識者の目に留まらないからだ」と言われる向きもこれまた多々あろうが、拙著『本能寺の変・秀吉の陰謀』に関しては、四六判は第四、文庫版改訂判は第五刷まで出ており、しかもこれこそ不遜にも何人かの著名な先生方を批判しているので、当然、御叱責をいただいてもしかるべきと覚悟いたしておるのだが、今のところ皆無である。

それもそうであろう、四百三十年以上もの間、「織田信長殺しは明智光秀」という歴史的固定観念に固められたテーゼを信じつつ、しかもそれに花を添えて来られた先生方には、多少なりとも私説を信じられ、「なるほど、羽柴秀吉だったのかも知れない」と俄《にわ》かに信じられるわけにはいかないのであろう。第一、あれだけかの説を信じ切り、あれだけ馴染み切って来た歴史的固定観念を一挙に変えてみること自体はありえないこと。それではそれを言い続けて来た先生方が困るのであろう。

だがそれでは本能寺の変の歴史は一向に変わらない。そこで「歴史捜査」の基本の基の字を念頭に入れて、あらたに水平思考に富むコロンボ刑事やシャイロックス・ホームズ等、錚々《そうそう》たる名探偵も交えて（そうそう、明智小五郎もいい）、あらたな「歴史捜査」を試みようではないですか。つまり本書でも何度も主張して来たように、そもそも歴史とは流れであり、一つの歴史事象も実証史学を充分に踏まえて、長いスパーンで解明し続けねばならない。つまりその歴史事象の長いスパーンにおける起承転結をも厳しく見極めることであり、かつ摩訶不思議な因果律の流れをも察知することである。

それを短絡的に本能寺の変とは、「誰々が起こしたクーデター」などという結果だけで結論を出すのではなく、あくまでも「誰々が起こしたというクーデターの通過点であって、そこには関連し合う歴史事象が併存していなかったか？」を問い直してその前後の起因である本来の起承転結を徹底的に分析し、その歴史（事変）の流れを実証史学の許で正流に整えるべきである。

ましてや、この事変に並走して関わっている者こそ最重要参考人である。それを片方は黒、片方は白と短絡的に色分けするのではなくして、共に歴史の流の中間点（通過点）における関係度を厳しく再捜査すべきであって、前述の錚々たる歴史捜査員各位は、こんな初期的な操作ミスをはたして看過するであろうか。

ところが令和二年元旦に放映された『本能寺の変サミット２０２０』（ＮＨＫ）の番組

で一応、考えられうる「本能寺の変」の要因が挙げられたが、この「秀吉への疑惑」に関しては、呆気なく「白」と判定、初めから終わりまで一貫した合目的的な行動に走り抜けた軌跡にもなんら不思議がらない、この歴史的感性に私はただただ唖然としたのである。

一方の光秀は、『兼見卿記』に見られる、中心点を失った凧《たこ》の空回りのような事変後十二日間のていたらくな軌跡……まだまだ日本の歴史界は途上半ばか……。

とにかく、虎は死して皮を残し、私は死して「本能寺の変」を遺す、とうてい私の生前中は無理としても、後続の俊英研究者に「本能寺の変・研究」の成果をただただ期待したい。一方、「AI歴史捜査システム」が完成すれば、「秀吉は完全に黒」と判定することだけは判っているのだが……。

令和二年十月

井上慶雪

【参考文献】

『織田信長の外交』谷口克広（祥伝社新書）
『織田信長　最後の茶会』小島毅（光文社新書）
『本能寺の変　431年目の真実』明智憲三郎（文芸社文庫）
『明智光秀と斎藤利三』桐野作人（宝島社新書）

本能寺《ほんのうじ》の変《へん》
信長《のぶなが》の誤算《ごさん》

令和2年11月10日　初版第1刷発行

著　者　井《いの》上《うえ》慶《けい》雪《せつ》

発行者　辻　浩明

発行所　祥《しよう》伝《でん》社《しや》
〒101-8701
東京都千代田区神田神保町3-3
☎03(3265)2081(販売部)
☎03(3265)1084(編集部)
☎03(3265)3622(業務部)

印　刷　萩原印刷

製　本　積信堂

ISBN978-4-396-61746-2 C0021